市町村における児童虐待防止と支援のあり方

市町村だからこその悩みへのヒントとアイデア

市町村児童虐待防止と支援のあり方の研究会
編　著

岩崎学術出版社

推薦のことば

　この度は，『市町村における児童虐待防止と支援のあり方』が，具体的な本となったことを祝福したい。

　私事ではあるが，2005年に全国の児童相談所調査を実施した際，児童相談所，市の担当者の協力を得て「ソーシャルワーカーのための困った場面の保護者対応ガイド」をブックレットとして提出した（厚生労働省科学研究の一部）。

　13年以上たった頃，ある関東の市の相談員から，ブックレットを課内でコピーを繰り返して使っていたが，さすがに印刷に耐え切れなくなったので，出版されていないかと問い合わせがあった。本の出版はなかったが，ブックレットの残部があったので早速送った。その後相談員から「実務で不安なときに，傍において参考にするロールモデルの一つ」になっていると伺った。児童相談所と市町村に共有できる内容ではあったが，市町村独自で困ったときに利用できるものがぜひ必要との思いから，今回の著者らにもぜひ作成にトライされたらと，応援をしたことが，ついに現実になった。

　市町村の支援は，ソーシャルワーカーや臨床心理士（公認心理師），保健師，看護師，助産師，保育士，教員免許資格，社会福祉主事など，いろいろな職種で成り立ちながら，多職種多機関との連携や社会資源を提供しつつ息長く，当事者にかかわる。

　まずは，手引き書として，現場から拾い上げた大阪の支援エッセンスを手に取り，困ったときの頼み綱として傍に置き，活用されることをお勧めしたい。

加藤　曜子

（流通科学大学名誉教授）

はじめに

　2004 年の児童福祉法の改正により，市町村が児童虐待の通告先となり，要保護児童対策地域協議会の法定化とその設置を市町村が担うこととなってから 18 年が経ちました。

　その後も，2008 年には乳児家庭全戸訪問事業や養育支援訪問事業等子育て支援事業の法定化と努力義務化，そして 2016 年には児童福祉法の理念の明確化や子ども家庭総合支援拠点や子育て世代包括支援センターの全国展開，市町村要保護児童対策地域協議会調整機関の専門職員の配置や義務研修の実施など，この 15 年間ほどの間で，次々に法改正が行われてきました。

　市町村が児童虐待の対応を行うようになって 6 年経った 2010 年に，われわれ大阪府内を中心とした市町村の有志は，（公財）大阪府市町村振興協会「おおさか市町村職員研修研究センター（マッセ OSAKA）」の広域研究において「市町村のための『市町村児童虐待防止と支援のあり方』の研究会」を立ち上げました。

　そこでは，通告の受理や対応の体制がまだ充分に整っていない中，市町村の現状や課題点，工夫などを明らかにし，通告から支援のあり方についての検討が行われました。

　その時，大阪府内市町村に対して行ったアンケート調査の結果からは，緊急受理会議とアセスメント等通告に対する初期対応においては，まだ各市町村にバラつきがあり，緊急受理会議に管理職が必ずしも参加していない等の現状が明らかになりました。

　地域で支援につなげるための家族アセスメントの重要性なども示唆されました。

　また，当時通告の中でも多かった「泣き声通告」に対しては，子どもや家族に身近な市町村だからこそ，虐待の事実確認だけでなく，いかにニーズを把握し，必要な支援につなげるかという予防的な視点が大切であること，そ

してそのための工夫について，報告を行いました。

　その後も法改正に従い，市町村の子ども家庭相談体制は少しずつ強化されてきました。専門職員の配置や研修の義務化などによって，少しずつではありますが，整ってきました。

　一方，人事異動や新規職員の配置によって経験年数が浅い職員が携わることになり，そのため対応に困惑しているといった状況や，通告の増加によって支援につなげるような丁寧な対応が困難になっているといった現場の声を聞くようになりました。

　また市町村の虐待通告については，全国児童相談所共通ダイヤル「189」の開設によって泣き声通告のような近隣住民からの虐待が疑われるケースの割合は減り，むしろ保育所や学校，保健センターなど関係機関からの明らかな虐待案件が，通告として挙がってくるようになりました。

　こうして虐待者への対応が増加していく中，なかなか支援につながらず，時には家族から強い拒否や攻撃にあったり，「制度のはざま」の問題や支援メニューの課題などがあったりと，市町村はさまざまな困難で対応に苦慮している状況にあります。

　そして，地域の関係機関との連携においては，その役割が認識されるとともに期待や責任も増大していきました。その一方で，なかなか改善の見込めないケースや長期的な支援を要するケースで焦燥感や疲弊感が膨らみ，時にはそれらから生じる関係機関の苛立ちや怒りの矛先が，要保護児童対策地域協議会の調整機関である市町村に向けられることもあり，精神的にも肉体的にも負担は大きくなってきている現状でした。

　そこで，2018年に再び「市町村児童虐待防止と支援のあり方の研究会」として，市町村が抱えている困難さへの対応に関する研究会を設置しました。

　その研究会では，2005年に流通科学大学教授の故加藤曜子氏が児童相談所ソーシャルワーカーを対象に作成された「ソーシャルワーカーのための困った場面の保護者対応ガイド」をベースに，市町村職員に向けて，何か「役に立つもの」を提供できないかという発想がありました。在宅支援事例のうち，市町村にとって困難だと思われる事例への支援についてまとめることにしました。また支援につなげるためのサービスや資源についての情報も重要であることから，さまざまな市町村での工夫や先進的な取り組みも入れ

込むこととなりました。

　そうして，近隣の自治体に困難事例と資源やサービスに関するアンケート調査を実施し，回答結果をもとに，初心者から経験者までの市区町村職員に役立つような困難事例の対応方法をまとめ，対応のヒントやアイディアを提案することにしました。

　そのために研究会は，アンケート項目の作成から研修に至るまでお世話になった加藤曜子氏をはじめ，第一線で活躍されている先生方に研修やご助言をいただき，市町村子ども家庭相談における支援のあり方について何度も話し合いを重ねてきました。

　それに加えて，市町村が実際に支援を行うにあたって必要なサービスや資源についてと，各市町村の先進的な取り組みや工夫についての情報も含めた報告書を，2020年2月に作成し，市町村向けの報告会も実施しました。

　その後，報告書が児童虐待防止の実務者にとってどのように役立ったのかについてもまとめて，市町村の現場で働く人たちの思いや視点を加えた形として，今回，出版に至りました。出版にあたっては，報告書の内容から全体にわたって大幅な加筆修正を行っております（なお，報告書の版権は「おおさか市町村職員研修研究センター（マッセOSAKA）」にあり，今回は承諾を得ております）。

　児童虐待にはさまざまな背景があります。虐待の内容に加えて，家族の状況やこれまでの歴史などに合わせて，関わり方は異なるでしょう。しかしそれでも，代表的なタイプ分けした事例を示し，それらに対する関わり方の視点や工夫，具体的対応について示した本書が，日々虐待対応を行っている方々の支援に少しでも役立つことになればと願っております。

2022年10月

市町村児童虐待防止と支援のあり方の研究会

目　次

第1章

児童虐待防止における市町村の現状と
本研究会の目的

1. 児童虐待対応件数の現状

　2004年の児童福祉法改正によって，市区町村も児童虐待の窓口となり，要保護児童対策地域協議会において進行管理を行い，児童家庭相談を実施することが義務付けられました。その後も法改正はたびたび行われてきましたが，2016年の児童福祉法改正では抜本的な改正が行われました。

　そこでは「子どもの権利」が明記され，子どもの安全と安心にとどまらず子どもの権利を擁護することとされました。

　そして児童相談所が，児童虐待相談件数の急増等により，緊急かつより高度な専門的対応を求められるようになったため，市町村には，児童に身近な場所として，児童や保護者を継続的に支援し，児童虐待の発生予防等を図ることを求められるようになりました。

　在宅支援が必要とされる要保護児童については，児童相談所から市町村への送致や委託が行われることとなりました。

　また，市区町村の要保護児童対策地域協議会の調整機関については，専門職の配置の強化と研修の義務化が行われました。

　翌年2017年3月には「市町村子ども家庭支援指針」が厚労省より発出され，子どもと家庭に最も身近な基礎自治体である市町村が子ども家庭相談として支援を行うこと，多様な機関によるきめ細やかな対応が求められることとなりました。

　同時に市区町村に「子ども家庭総合支援拠点」の設置が努力義務となりま

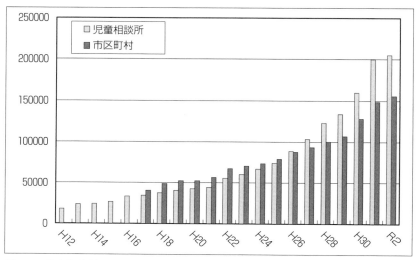

図1-1 児童相談対応件数の推移（全国児童相談所および市区町村虐待相談対応件数）
（厚生労働省福祉行政報告例より）

した。

　厚生労働省福祉行政報告例における「全国児童相談所の児童虐待相談処理
件数」は，1990年の1,101件から始まり，2000年の児童虐待防止法の制定
を経て，前述の法改正の2005年には34,472件と，30倍以上に至りました。

　そして2020年は205,044件と，2005年の約5.9倍の増加率となりました。

　市区町村においては，法改正によって虐待対応件数が報告されることと
なった2005年は，40,222件と児童相談所に比べて多く，以降も同様の状態
が続いていました。

　しかし，警察がDV事案への積極的な介入及び体制を確立した頃から児童
相談所への通告が増加し，2014年には市区町村の件数は児童相談所のそれ
を下回るようになりました。

　2020年は約3.8倍の155,598件と，児童相談所の約4分の3程度となって
います。

　図1-1に平成12（2000）年から令和2（2020）年までの児童相談所及び市
区町村の児童相談対応件数を掲げました。

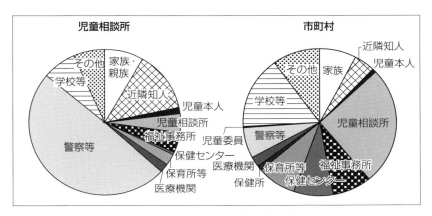

図1-2　2020年の虐待相談の経路別件数
（厚生労働省福祉行政報告例より筆者作成）

2. 市町村の児童虐待相談の特徴
——児童相談所と市町村の比較

　市町村の児童虐待相談の特徴を，児童相談所と比較してみてみましょう。

　経路別でみると図1-2のように，児童相談所は警察からが50％と半数を占め，次いで近隣知人13％，そして家族親族8％という順番となっています。

　一方，市町村は児童相談所からが26％と最も多いものの，次いで学校が16％，さらに家族親戚，保健センター，福祉事務所，保育所，そして家族親族がそれぞれ8％です。

　この結果から子どもの通う学校や保育所，生活保護や障がい福祉に関係する福祉事務所など，子どもや家族に関わる幅広い関係機関から通告が寄せられている現状がわかります。

　また，虐待種別では，図1-3のように児童相談所は59％と半数以上が心理的虐待となっており，市町村は児童相談所に比べてネグレクトの割合が27％と多くなっています。

　以上のことから，児童相談所は警察からの通告が半数を占めますが，その背景に面前DVの通報の増加があり，そして近隣知人については189の影響によるものがあると考えられます。

　それに比べて市町村は，学校や保育所，保健センターなど子どもや家族に

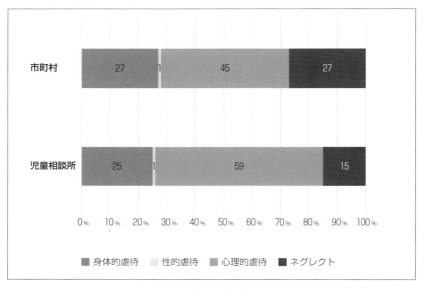

図1-3　2020年虐待相談の種別件数
（厚生労働省福祉行政報告例より筆者作成）

身近な機関からの通告・相談が多く，そのため虐待の状況としてより客観的で明確な可能性が高いという現状がうかがえます。

　さらにネグレクト等，長期的に地域での支援を要するケースが多いと考えられます。

3.　職員の状況

　厚生労働省の調べでは，要保護児童対策地域協議会の調整機関の専門職配置状況は，表1-1のとおり，2019年4月1日の調査で人口10万人以上の市・区・指定都市については80％を超え，平均で75.6％と，前回調査である2018年2月の平均66.9％を約9ポイント上回り，専門職配置が進んでいることがわかります。

　2018年12月の「児童虐待防止対策体制総合強化プラン」（新プラン）において，「市区町村子ども家庭総合支援拠点」については2022年度までに全市

表1-1　要保護児童対策地域協議会の設置運営状況調査結果の概要（2019年4月1日現在）
（厚生労働省子ども家庭局家庭福祉課虐待防止対策推進室調べ）

	指定都市,児相設置市	市・区（人口30万人以上）	市・区（人口10万人～30万人以上）	市・区（人口10万人未満）	町	村	合計
一定の専門資格を有するもの	83.2%	85.7%	81.4%	76.4%	61.6%	65.4%	75.6%

表1-2　要保護児童対策調整機関の担当職員の正規・非正規職員別経験年数（2019年4月1日現在）
（厚生労働省子ども家庭局家庭福祉課虐待防止対策推進室調べ）

	1年未満	1～3年未満	3～5年未満	5～10年未満	10年以上
正規	27.7	38.5	17.7	11.5	4.7
非正規	23.2	30.1	17.1	19.3	10.4

町村に設置，また要保護児童対策地域協議会の調整機関についても2022年度までに全市町村に常勤の調整担当者を配置することが目標とされました。

　一方経験年数については，表1-2の通り，正規職員の場合は3年未満が66.2％と7割近くを占め，5年以上が16.2％でした。

　非正規職員は3年未満53.3％で5年以上は29.7％と約3割であることから，正規職員の方が全体的に経験年数が少ないと考えられます。

　一層専門職は増えていくものと考えられますが，それによって，新しい職員の採用や人事異動による新任職員が増加することが推測され，経験の少ない職員が増えていき専門性の維持が保てないことが懸念されます。

4.　本研究の目的

　ここまで述べたような経過の中で，市町村の役割は地域の，子どもに関わる関係機関に認識されるようになり，多くの通告や相談が寄せられ，個別ケース検討会議の開催や要保護児童対策地域協議会等の進行管理，関係機関の調整等，さまざまな役割を担うことになりました。

　また，緊急性は高くないものの地域での支援を必要とされる要支援や要保護児童，なかには重度の虐待事例の在宅支援を担うようになりました。

　そこでは，保護者との信頼関係を丁寧に作りながら子育てについて相談を継続的に行うことや，子どもの成長のステージに合わせて子どもへの対応に困惑する保護者に寄り添いながら成長を支援すること，ネグレクト等で家族の基盤がぜい弱な場合は地域のネットワークによる支援を長期的に行っていくことなどが，身近な基礎自治体としての役割になります。

　また，市町村には法的な権限がないからこそ，家族のニーズを引き出しながら子どもの支援につながるように，訪問を繰り返してなんとか保護者と話をしたり，地域のサービスや資源を提供したり，関係機関からつなげてもらったり，手探りで関わりをはじめることとなります。

　しかし，支援を届けようとしても，拒否や居留守をされるなど，関係を形成することは並大抵のことではなく，困難を感じることが多くあります。中には個人を否定するような言葉が投げかけられることや，強い口調で非難される場合もあり，支援者として時には自分の力不足や対応力のまずさではないかと自身を責めてしまうこともあるかもしれません。

　ところが，長く関わっていく中でケースのことが理解できるようになると，一見関わりが困難にみえる保護者も，実は困っていたことに，あとから気づかされることが経験上あるのではないでしょうか。

　困っていることをうまく伝えられなかったり，子どもとの関係を直視できなかったり，自分の子育てが否定されたという思いから攻撃的になったり，また成育歴上で社会への不信感を強く持っている場合など，支援者への態度は保護者側の苦悩から発生する場合も多々あると考えられます。

　しかしながら，支援者がそのような保護者の背景を理解したり，支援のスキルやコツを獲得して，妊娠期から18歳未満の子どもまで幅広い対象者に，支援から解決策まで多種多様のメニューや方法を組み合わせて支援をするには，多くの経験を積み重ねる時間がかかります。その上相談や通告の数は多く，じっくりと経験や知識を醸成させる間もなく，短い経験で次々と対応をせざるを得ない現状で，さまざまな困難にぶち当たっている状況が今の市町村かもしれません。

　そこで，虐待対応の中で困難であるという事例をもとに，保護者や家族へ

の関わり方やその困難さの背景にあるものを理解し，支援につながる対応になるための方法を得ることを目的として，研究を行うこととなりました。

　児童虐待の対応はさまざまな背景があり，虐待の内容や家族状況など対応も関わり方も異なり，対応方法の答えは一つではありません。しかし，困難事例に対する理解を深めるため，具体的な困難事例に対する言葉や対応についてアイデアを提案し，ケース対応のアレンジに役立てるように紹介したいと考えました（本書3，4章）。

　また，子どもや家庭に関わる際に支援につなげるためのサービス等の資源についても，各市の工夫や効果的な方法について調査をしました（本書5章）。市町村の持つ資源を知り，開発をし，必要に応じて提供できることが，支援につなげるための大切な能力になります。

　そして最後の6章では，本研究会の市町村職員の実務者42人が，この調査報告から何が実際に役立ったのかをまとめました。

　市町村は子どもと家族にとっての身近な公的機関として，家族に寄り添いながら，子どもの成長に合わせた子ども家庭福祉の相談の場になります。

　そのため，丁寧に関係性の構築を図り，子どもや保護者のニーズを引き出し，家庭に関わっていく関係機関や支援者をコーディネートし，家族の生活の場である地域を含めたネットワーク支援を行っていくことになるのです。

　本書が提示する困難事例についての理解や対応方法のアイデア，そして市町村の資源やサービスの工夫等の情報が，各市町村によるそれぞれの家庭への支援に有効につながっていくことを願っています。

　なお，市町村子ども家庭支援を担っている機関の名称は全国さまざまですが，本書では「子ども家庭相談」と表記します。

第**2**章

アンケート調査とその結果

　このアンケートは，①支援者がこれまでに経験した困難事例の困難さを明らかにすること，②「事例とその対応のヒントについて」を作成することや，支援につなげるためのサービスや社会資源を見える化することで，今後の支援を考える上での参考としてもらうこと，そして①，②により児童虐待対応に従事する支援者の支援の向上に役立ててもらうことを目的として行いました。

1．アンケート調査

1）調査対象者

　関西圏の1府県内の市町村（政令市を除く）及び，1府県内外の協力の得られた市町村の子ども家庭相談の職員を対象としました。

2）アンケート実施期間

2018年12月13日〜2019年1月末日

3）アンケート収集の方法

　対象機関へ，依頼文とアンケート調査票をEメールで送付しました。アン

ケートの返送をもって，アンケートへの同意が得られたとしました。

4) アンケート内容

A，B，Cの3つの項目について，自記式アンケートを実施しました。

A：対象者の属性：「資格」，「経験年数」。

B：これまで経験された困難な事例について：いつ，どんなときに，そのようなことでどう困ったか具体的に教えてくださいとして，「初期対応の時の困難事例」，「困難さを持つ事例」。

C：貴市における資源やサービスなどについて：「現在の支援に役立っているもの」，「必要と思われる支援」。

以上の記述を求めました。

5) 倫理的配慮

アンケート調査は，個人情報の取り扱いに留意し，無記名かつ市区町村名が特定できないようにし，事例についても個人を特定できない形にしてデータを取り扱うこととしました。

2. アンケート調査結果

25市町村，86人から回答を得ました。（表2-1）

1) 対象者の属性

回答者数は，86人。

①人口規模では，人口20万人以上が全体の61.6％，10万〜20万人が12.8％，2万〜10万人が20.9％，2万人以下が4.7％でした。（表2-1）

②資格の質問では，8項目から選択してもらいました。（表2-2）

経験年数をみていくと，3年未満のものは50人で全体の半数以上（58.1％）

表 2-1　人口規模と回答数

	市町村数	回答数（人）	割　合
20 万人以上	8	53	61.6%
10 万〜 20 万人	7	11	12.8%
2 万〜 10 万人	7	18	20.9%
2 万人以下	3	4	4.7%
合　計	25	86	100%

表 2-2　業務に従事する主な資格

	回答数（人）
社会福祉士	17
臨床心理士	14
保健師	11
教　員	8
保育士	11
精神保健福祉士	5
社会福祉主事	7
その他・未記入	13
合　計	86

表 2-3　経験年数

	回答数（人）	割　合
1 年未満	23	26.7%
1 年以上 3 年未満	27	31.4%
4 〜 6 年	15	17.4%
7 〜 15 年	16	18.6%
16 年以上	1	1.2%
未回答	4	4.7%
合　計	86	100.0%

を占め，その約半数（46.0％）は 1 年未満という結果でした。（表 2-3）

2）これまで経験された困難事例について

「これまで経験された困難な事例について」では，「いつ，どんなときにど

表2-4　初期対応のときの困難事例

	回答数（人）
事例あり	72
その他（意見など）	13
事例なし	1
合　計	86

表2-5　困難さをもつ事例

	回答数（人）
事例あり	70
その他（意見など）	8
事例なし	8
合　計	86

のようなことで困っていたのか，子どもの年齢や家族構成なども含めて，具体的に記載をしてください」と質問内容を設定し，自由記載としました。また，事例は，「初期対応のときの困難事例」と「困難さをもつ事例」とでは，困難な状況や対応が異なると考えたため，2つに分けて質問しました。

　結果からは，「事例あり」は，具体的な事例の記載があったものとし，「事例なし」は，事例なしという記載や未記入のもの，「その他（意見など）」は，事例ではない内容の記載や意見として述べられているものとしました。（表2-4，2-5）

　「困難」の解釈については，支援者側の視点からの困難さがあると捉えた事例が，多く出されていました。また，記入された事例についての精査を進めていく中では，「初期対応のときの困難事例」と「困難さを持つ事例」に分けて記載していないものも散見されました。

　実際の事例については，続いての「3. 結果から見た分析」の中で述べることとします。

3）市町村における資源やサービスについて

　資源やサービスなどについては，「現在支援に役立っているもの」と，「必要と思う支援」（現在も制度としてあるが，さらなる充実を期待するものを

表2-6　現在支援に役立っているもの

	回答数（人）
ショートステイ・トワイライトステイ	40
家事援助（養育支援訪問事業）	21
児童発達支援等の通所グループ	14
親に対する相談・カウンセリング	12
ヘルパー派遣制度	12
一時預かり	9
親支援プログラム	7
親子で通える相談場所・グループ	6
子どもに対する通所相談	5
登校支援（学校・保育所等）	5
子どもが通えるグループ	4
学習支援	4
子ども支援プログラム	1
夜間保育所	0
その他	0
合　計	140

含む）を14種類の項目の中から2つずつ選択してもらい，選択した項目についてそれぞれ具体的な名称と選んだ理由を自由記載してもらいました。

「現在支援に役立っているもの」（表2-6）では，「ショートステイ・トワイライトステイ」が1番多く，続いて「家事援助（養育支援訪問事業）」となり，3番目には「児童発達支援等の通所グループ」があげられました。「児童発達支援等の通所グループ」は発達に特化した資源活用のため，誰でもが使えるものではありませんが，子どものサービスを使っての支援も行われている状況がわかりました。

「必要と思われる支援」（表2-7）では，子どもの成長発達のために，保育所や学校などに行かせることができない状況を改善するための「登校支援」を，全体の約半数の48.8%が必要としていました。雇用形態の多様化やひとり親の増加などの社会変化や，経済的困窮などの理由から，夜間就労にともなう「夜間保育」を必要と考える支援者は多いものの，公的なサービスはほぼないという現状が明らかになりました。

表2-7　必要と思われる支援

	回答数（人）
登校支援（学校・保育所等）	42
夜間保育所	15
ショートステイ・トワイライトステイ	14
ヘルパー派遣制度	10
親に対する相談・カウンセリング	8
親支援プログラム	8
一時預かり	7
家事援助（養育支援訪問事業）	7
親子で通える相談場所・グループ	6
子どもが通えるグループ	5
子ども支援プログラム	4
子どもに対する通所相談	3
学習支援	3
児童発達支援等の通所グループ	1
その他	1
合　計	140

　また，「現在支援に役立っているもの」の中での理由の記載の中には，「家事援助（養育支援訪問事業）」の利用できる年齢の上限を拡大するなど，既存の役立つ支援の拡充を求めるものもみられました。支援に必要な資源やサービスについての詳細は，第5章で述べていきます。

3.　結果から見た分析

　事例の困難な理由に着目し，事例をひとつずつ本研究会で読み取り，コード化し，カテゴリー化しました。「初期対応のときの困難事例」では7カテゴリー，「困難さを持つ事例」では9カテゴリーに分類しました。

1)　初期対応の時の困難事例（「A：会えない」から「G：関係機関連携困難さ」までの7カテゴリー）

　「初期対応の時の困難事例」では，最も多かったのは，「B：会えるけれど拒否」でした（表2-8）。初回時は何とか会えるが，その後に全く拒否となっ

表 2-8　初期対応のときの困難事例

初期対応のときの困難事例	回答数（人）
A：会えない	15
B：会えるけど拒否	32
C：関係機関の対応	10
D：通告元が判明することへの不安	4
E：虐待かどうかの判断が困難	4
F：システムが整っていないために生じる困難さ	4
G：関係機関連携の困難さ	3
その他（意見など）	1
事例なし	13
合　計	86

てしまったもの，初回面接時に保護者が拒否的な態度で，その後の支援につながらない事例などがあげられています（表 2-9）。

　次は「A：会えない」で，48 時間の安全確認ルールの中での対応ができない場合や，オートロックで物理的に接触ができない場合，親や家族が子どもに会うことを阻んでいる場合などの初動に困難を極める事例があげられています。

　また，「C：関係機関の対応」では，機関ごとに虐待の認識にずれがあって，子どもに傷アザがあり，虐待の聞き取りがあった場合でも通告とはならなかった事例，また，虐待としての通告であっても，聞き取り内容を親に言わない対応を求められ，親面談で肝心の話ができず，その後の対応が困難になった事例などがあげられています。

　「E：虐待かどうかの判断が困難」では，保護者の否認，保護者に障がい特性がある，年齢が幼く子どもが事象について答えられない事例などがありました。

　「F：システムが整っていないために生じる困難さ」では，聴覚や視覚などの障がいのある親への対応で，専門的支援が無いことや，外国語を母国語とする親への通訳の体制が整っていないこと，夜間放置事例で，親から「生活のため夜に働くのは仕方がないこと」と言われてしまい，保護者の夜間就労を支援する体制がない中で，指導や対応をしていかなければならないこと，などがあげられていました。

表 2-9　初期対応の時の困難事例 7 カテゴリー別細目

A：会えない	
家庭訪問や手紙のポストインに応答なし	応答を拒否
	居住実態不明
	オートロック
前住地からの移管，同意なく介入の理由に乏しい	
応答あるが，面談は拒否	
保護者から虐待の電話相談が入るが，会うことを拒否	

B：会えるけど拒否	
面談できるが，拒否的な態度が続く	虐待とは認めず
	保護者が感情的になる
	保護者が孤立している
	保護者に精神疾患あり，家族にニード無し
	叩くと相談はあるが，関わりや支援は拒否
	虐待親に合うことを止める
面談後に完全拒否	所属への登園登校ができず
	子どもに発達課題あり
	面談時，片方の親が虐待親をかばう，
	面談時，母親が内縁男性をかばう
	保護者が通告した所属を責める
	他機関の支援は受入れる
DV ケース，相談家族が保護者に会うことを拒否	
保護者の相談ニード無く継続できず	

C：関係機関の対応	
医療機関から虐待通告ではなく，相談として入る	
不登校で現認ができない場合，所属からは虐待通告として入る	
庁内連携不足	
関係機関の協力が得られない	大きな事象に通告をしない
	子どもに会えず，けがの現認ができない
	子どもの適切な聞き取りができなかった（性虐待）
	保護者につないでもらえない

D：通告元が判明することへの不安	
所属からの通告	通告内容を伏せての対応を迫られる
	保護者へ対応する事にストップがかかる
地域からの通告	通告元が解ると詳細情報を教えてもらえない
	通告者が特定され，虐待事象の話をすすめていくことができない

E：虐待かどうかの判断が困難	
保護者が傷アザについて否定し，原因が不明	
子どもが幼く，事象の説明ができず，保護者に話がし辛い	

F：システムが整っていないために生じる困難さ	
障がいや外国籍の人の通訳の制度が整っていない	言語が通じないことで指導，支援ができない
	文化の違いや言語の問題により指導，支援が入りにくい
幼児だけで夜間放置状態に対して，規制や支援がない	
専門的医療機関への受診に時間を要する	

G：関係機関連携の困難さ	
関係機関間での虐待事象の認識の違い	
所属通告後の関係の悪化	
関係機関から子ども家庭相談への過剰な期待	

表 2-10　困難さを持つ事例

困難さを持つ事例	回答数（人）
ア：機関間の共通理解が困難	5
イ：状況の把握が困難	6
ウ：制度や法のシステムの問題	2
エ：支援の拒否	13
オ：機関同士の関係の問題	4
カ：慢性化・常態化	17
キ：所属機関の虐待対応への理解	3
ク：支援の手ごたえのなさ	13
ケ：決定打のなさ	7
その他（意見など）	8
事例なし	8
合　　計	86

　また，長く関わっている事例ととれる内容の記載もあり，どこまでを初期対応としているのかについても，回答に違いが見られました。

2）困難さを持つ事例について（「ア：機関間の共通理解が困難」から「ケ：決定打のなさ」までの9カテゴリー）

　『困難さを持つ事例』についての回答では，最も多かったものは「カ：慢性化・常態化」している事例でした（表2-10）。保護者に指導をしても虐待行為が繰り返されていること，保護者に精神や知的な障がいがあり，養育そのものが困難であること，また，子どもに障がいがあり，保護者が対応に困難なことから感情的に叩いてしまうなど，事例の状態像が記載されているものについては，このカテゴリーの中に入れています（表2-11）。

　「エ：支援の拒否」では，養育が困難な状況に対して，保育所の入所などの提案を拒否する多子家庭の事例が複数ありました。また，体罰を自分のやり方と主張し指導を聞き入れない事例や，乳幼児に所属がない家庭で子ども家庭相談が安全確認を担っている事例については，訪問に限界があるとの回答がありました。

　「ク：支援の手ごたえのなさ」では，支援的関わりを続けている中，保護者の反応が薄いことや，受け入れはするものの変化していかないもので，支

表2-11　困難さを持つ事例9カテゴリー（全2ページ）

ア：機関間の共通理解が困難	
支援機関と家庭での所見の食い違い	
原因不明のケガが続く，支援機関間での見立ての違いあり	
帰りたくないと言う子どもへ，関係機関協議で家庭引取りの支援方針が出る	
保護者が虐待を否認したまま一時保護解除となり家庭引き取り	
学校からの不登校児童への支援要請，保護者ニーズなく介入困難	

イ：状況の把握が困難	
子どもに傷アザがあるも，保護者が状況説明ができない	
夜間放置の疑いはあるが，家庭状況が見えず	
居所不明児，所属なく安否確認が困難	
乳幼児健診未受診，予防接種未接種，親族が拒否し，保護者・子どもと関われず	
不登校児童の現認，保護者の協力が得られず子どもに会えず	
保護者に障がいあり，支援ニーズなく介入できず	

ウ：制度や法のシステムの問題	
弁護士に相談しても解決が図りにくい	
他の市町村と対応しなければならない	
ネグレクト家庭（改善がみられず，管理数の増加で継続管理が難しい）	

エ：支援の拒否	
大家族でコミュニティーの中で生活が完結	
子どもの多い家庭	保育園などの入園を拒否
	異父兄弟，継父から子どもへの身体的虐待
	子どもに親役割を担わせる
	徐々に拒否になる
体罰の容認	自分のやり方と改善しない
	子どもが親の介入を拒み関われない
ひとり親家庭	祖母が親に代わって養育
	事故予防の指導が入らず事故ケガが絶えない
一時保護からの家庭引き取り	保護者と所属機関との関係が悪化
母親の養育能力不足	父親の育児協力なし
DV家庭	パートナーが母親を常時離さない
	乳児の安全確認，支援者の訪問に限界あり
保護者の養育や教育へのこだわり	

オ：機関同士の関係の問題	
一時保護後の家庭引き取り	児相が入れなくなり，子ども家庭相談にリスクアセスメントを求められる
関係機関と子ども家庭相談間での見立ての相違	一時保護の必要性
	所属との関係が悪くなる
関係機関間での情報共有の程度	子ども家庭相談と学校のCSW，SSWなど

カ：慢性化・常態化	
保護者からの身体・心理的虐待	保護者の養育に改善がみられず，子どもの問題行動が深刻化する
	子どもの身体面，認知面での発達に影響が出ている
	子どもが引きこもり状態となり，学習の機会も持てない
	食事や登校はできているが，持ち物が揃わず，保護者と連絡もとりにくい
子どもに障がいあり	指導に保護者は暴力が止められない
	行けない理由を並べ登校させない

表 2-11　困難さを持つ事例 9 カテゴリー（全 2 ページ）

保護者に精神や知的な障がいがある	子どもにリストカットや大量服薬の状況を見せる
	子どもを学校へ送り出せない
	支援は受け入れるが，状況は改善せず，施設入所は拒否
	暴力は止まったが，適切な養育には至らない
	子どもが不登校，ゲーム依存になる
	子どもの自立に向けた支援ができない
	子どもにも障がいがあり，お互いの感情的衝突になる
DV 家庭	子どもが不登校を起こしている
家庭の安定と不安定を繰り返す	
経済的基盤の弱さあり	
キ：所属機関の虐待対応への理解	
同職種での遠慮	
リスクアセスメントなく一時保護を提示	
子どもからの聞き取りで母親から暴力を確認するも伏せての対応を依頼	
ク：支援の手ごたえのなさ	
乳幼児を育てる保護者	保護者に障がいあり
	養育力不足あり
	支援を受け入れない
保護者からの訴えが多い	助言は入らない
	子どもの養育は放任
母親の発言が少なく，考えがわからない	関係が作れない
	徐々に受け入れが悪くなる
子どもの多い家庭	母親は生活に手一杯
	傷アザにはならないが感情的に叩く
	支援を受け入れない
	必要な支援の不足
子どもに発達障がいがある	母親が子どもを受け入れられない
	サービスや手当を受けることに必死
	ケガが続くが保護者指導に拒否
ケ：決定打のなさ	
父親から母親への DV	母親に被害感がない
	子どもへの影響が心配
夜間放置	子どもが多い家庭
	小学生低学年が未就学児の世話をする
	支援を受け入れず
	パートナーが子どもをみる
	ひとり親家庭
	現場を押さえられない

援者側の課題から分類しました。「カ：慢性化常態化」とは，関係機関と連携支援をしていく中で，変化がないことで，支援機関の評価やそこからどのように支援機関間の課題を調整していくのかで区別しました。

「ケ：決定打のなさ」では，母親がDV被害を受けている家庭で，母親に危機感がなく子どもを護ることができないでいることや，支援者は子どもの発達への影響を懸念するも手が打てないとの回答がありました。また，夜間放置に関しての事例が多くあげられ，その一つに，ひとり親で夜間就労をしていて，危険回避行動がとれない低年齢の兄弟姉妹で，上の子が下の子の面倒をみている事例がありました。子ども家庭相談が保護者へ指導をしても改善は望めず，一時保護などの強制的な介入とはなりにくく，子どもの安全面についての危機感を持っているものの，どうすることもできないジレンマが記載されていました。

3）資格別でみた初期対応のときの困難事例・困難さを持つ事例について

資格別で「初期対応の時の困難事例」をみていくと，「B：会えるけど拒否」の事例がどの資格でも多くみられました（表2-12）。回答数の少ない人数での割合になるため，資格を代表して言えるものではありませんが，どの資格でも，1回は会えても，その後に会えなくなっていく事例の回答が多くみられました。

特に保健師では，その割合が全体の72.7%になります。保健師は，予防接種，子育てについて，健康問題など，家庭訪問できる理由を使って誰にでもアプローチをしやすい反面，一般的な理由での家庭訪問で終わってしまい，次の訪問や面談につなげていくことが難しいことが示されていました。

また，全く「A：会えない」ために，どの資格についても安全確認ができないことを困難と考える者は，全体的に多くみられました。

「困難さを持つ事例」については，全体的に「エ：支援の拒否」，「カ：慢性化・常態化」，「ク：支援の手ごたえのなさ」の事例の数値の高さが目立ちます（表2-13）。「ア：機関間の共通理解が困難」は，社会福祉士，臨床心理士，社会福祉主事があげており，特に一時保護や家庭引取りとなった場合で，支援方針の決定に対しての見解の相違が述べられていました。また，「キ：

表 2-12　資格別でみた初期対応のときの困難事例について（回答数の単位：人）

初期対応のときの困難事例	社会福祉士		精神保健福祉士		保健師		保育士		臨床心理士		教員		社会福祉主事		その他・未記入	
	人	%	人	%	人	%	人	%	人	%	人	%	人	%	人	%
A：会えない	4	23.5%	0	0.0%	0	0.0%	1	9.1%	5	35.7%	2	25.0%	1	14.3%	2	15.4%
B：会えるけど拒否	4	23.5%	3	60.0%	8	72.7%	5	45.5%	4	28.6%	3	37.5%	3	42.9%	2	15.4%
C：関係機関の対応	3	17.6%	1	20.0%	1	9.1%	0	0.0%	0	0%	2	25.0%	2	28.6%	1	7.7%
D：通告元が判明することへの不安	0	0.0%	0	0.0%	2	18.2%	0	0.0%	1	7.1%	0	0.0%	0	0.0%	1	7.7%
E：通告先かどうかの判断が困難	1	5.9%	0	0.0%	0	0.0%	2	18.2%	1	7.1%	0	0.0%	0	0.0%	2	15.4%
F：システムが整っていないために生じる困難さ	1	5.9%	0	0.0%	0	0.0%	0	0.0%	0	0%	0	0.0%	0	0.0%	1	7.7%
G：関係機関連携の困難さ	1	5.9%	0	0.0%	0	0.0%	0	0.0%	1	7.1%	0	0.0%	0	0.0%	1	7.7%
その他（意見など）	0	0.0%	0	0.0%	0	0.0%	0	0.0%	0	0.0%	1	12.5%	0	0.0%	0	0.0%
事例なし	3	17.6%	1	20.0%	0	0.0%	3	27.3%	2	14.3%	0	0.0%	1	14.3%	3	23.1%
合計	17	100%	5	100%	11	100%	11	100%	14	100%	8	100%	7	100%	13	100%

表 2-13　資格別でみた困難さをもつ事例について（回答数の単位：人）

困難さを持つ事例	社会福祉士		精神保健福祉士		保健師		保育士		臨床心理士		教員		社会福祉主事		その他・未記入	
	人	%	人	%	人	%	人	%	人	%	人	%	人	%	人	%
ア：機関間の共通理解が困難	2	11.8%	0	0.0%	0	0.0%	0	0.0%	1	7.1%	0	0.0%	1	14.3%	1	7.7%
イ：状況の把握が困難	2	11.8%	1	20.0%	0	0.0%	0	0.0%	1	7.1%	1	12.5%	1	14.3%	0	0.0%
ウ：制度や法のシステムの問題	0	0.0%	0	0.0%	1	9.1%	0	0.0%	0	0.0%	0	0.0%	0	0.0%	1	7.7%
エ：支援の拒否	4	23.5%	1	20.0%	4	36.4%	0	0.0%	3	21.4%	1	12.5%	0	0.0%	0	0.0%
オ：機関同士の関係の問題	0	0.0%	0	0.0%	0	0.0%	1	9.1%	0	0.0%	1	12.5%	1	14.3%	4	30.8%
カ：慢性化・常態化	4	23.5%	1	20.0%	2	18.2%	3	27.3%	2	14.3%	1	12.5%	0	0.0%	0	0.0%
キ：所属機関の虐待対応への理解	0	0.0%	1	20.0%	0	0.0%	2	18.2%	0	0.0%	1	12.5%	0	0.0%	0	0.0%
ク：支援の手ごたえのなさ	4	23.5%	0	0.0%	2	18.2%	2	18.2%	3	21.4%	0	0.0%	3	42.9%	2	15.4%
ケ：決定打のなさ	0	0.0%	1	20.0%	2	18.2%	2	18.2%	1	7.1%	2	25.0%	0	0.0%	2	15.4%
10：その他	0	0.0%	0	0.0%	0	0.0%	1	9.1%	1	7.1%	0	0.0%	0	0.0%	2	15.4%
事例なし	1	5.9%	0	0.0%	0	0.0%	0	0.0%	2	14.3%	1	12.5%	1	14.3%	2	15%
合計	17	100%	5	100%	11	100%	11	100%	14	100%	8	100%	7	100%	13	100%

所属機関の虐待対応への理解」については，保育士と教員のみが答えていましたが，所属機関からの通告ということを伏せて対応を依頼していることを答えていました。子どもの所属先として勤務する資格，学校や保育所といった子どもが日常通う場の資格でもあることから，子どもと親，双方の立場や状況がわかるため，対応が困難と回答した可能性があることが考えられました。

　また，資格が「その他・未記入」で内容が不明なものが全体の 15.4％あり，それらの回答が振り分けられれば，もう少し資格別の傾向が見える可能性があります。

4) 経験年数からみた初期対応のときの困難事例・困難さを持つ事例について

　経験年数では，3 年までの経験の者を新任期とし，4 年〜6 年までを中堅期，7 年以上をベテラン期として，3 つのグループに分けて事例との関係をみていきました。

　「初期対応の時の困難事例」では，新任期にあたる経験 3 年での中には，「初期対応を持たない」との記載や，事例の無いものがありました（表 2-14）。また，7 年以上のベテラン期で事例の記載が無かったものが，全体の 29.4％ありました。

　どのグループも「B：会えるけど拒否」が多く，次に「A：会えない」が多い傾向がありました。新任期とそれ以降で大きく違っていたものは「D：通告元が判明することへの不安」で，4 年目以降にはありませんでした。保護者と虐待の事実関係について話をしていく際に，所属の通告元がわかってしまうことがありますが，保護者と話をしていく上では，より核心に迫った話をすることができ，結果として子どもの虐待を止めるための話ができます。4 年目以降で「D：通告元が判明することへの不安」がなかった背景として，その有効性について所属に丁寧に伝え，了解を取り付けた上で話ができるようになったからではないかと考えられます。

　「困難さを持つ事例」を割合が高い順でみると，新任期は「エ：支援の拒否」が一番高く，次いで「カ：慢性化・常態化」，「ク：支援の手ごたえのなさ」の割合となっています（表 2-15）。

表 2-14　経験年数からみた初期対応のときの困難事例について（回答数の単位：人）

初期対応のときの困難事例	1年未満～3年		4年～7年		7年以上		経験年数未回答	
A：会えない	9	18.0%	2	13.3%	3	17.6%	1	25.0%
B：会えるけど拒否	19	38.0%	8	53.3%	4	23.5%	0	0.0%
C：関係機関の対応	4	8.0%	2	13.3%	3	18%	1	25.0%
D：通告元が判明することへの不安	5	10.0%	0	0.0%	0	0.0%	0	0.0%
E：虐待かどうかの判断が困難	2	4.0%	1	6.7%	0	0.0%	1	25.0%
F：システムが整っていないために生じる困難さ	3	6.0%	1	6.7%	0	0.0%	0	0.0%
G：関係機関連携の困難さ	1	2.0%	0	0.0%	2	11.8%	0	0.0%
その他（意見など）	1	2.0%	0	0.0%	0	0.0%	0	0.0%
事例なし	6	12.0%	1	6.7%	5	29.4%	1	25.0%
合　計	50	100%	15	100%	17	100%	4	100%

表 2-15　経験年数からみた困難さを持つ事例について（回答数の単位：人）

困難さを持つ事例	1年未満～3年		4年～7年		7年以上		経験年数未回答	
ア：機関間の共通理解が困難	4	8.0%	1	6.7%	0	0.0%	0	0.0%
イ：状況の把握が困難	4	8.0%	0	0.0%	2	11.8%	0	0.0%
ウ：制度や法のシステムの問題	2	4.0%	0	0.0%	0	0.0%	0	0.0%
エ：支援の拒否	10	20.0%	2	13%	1	5.9%	0	0.0%
オ：機関同士の関係の問題	2	4.0%	0	0.0%	2	11.8%	0	0.0%
カ：慢性化・常態化	7	14.0%	4	26.7%	5	29.4%	001	25.0%
キ：所属機関の虐待対応への理解	1	2.0%	1	6.7%	1	5.9%	0	0.0%
ク：支援の手ごたえのなさ	7	14.0%	2	13.3%	0	0.0%	2	50.0%
ケ：決定打のなさ	3	6.0%	2	13.3%	2	11.8%	0	0.0%
その他（意見など）	5	10.0%	2	13.3%	2	11.8%	1	25.0%
事例なし	5	10.0%	1	6.7%	2	11.8%	0	0.0%
合　計	50	100%	15	100%	17	100%	4	100%

　また，中堅期では「カ：慢性化・常態化」の割合が一番高く，次いで「エ：支援の拒否」，「ク：支援の手ごたえのなさ」，「ケ：決定打のなさ」が同じ割合で高く，ベテラン期でも「カ：慢性化・常態化」の割合が一番高く，次いで「イ：状況の把握が困難」，「オ：機関同士の関係の問題」，「ケ：決定打のなさ」が同じ割合になっており，経験のある支援者は，状況を改善するために関わる際に，積極的に関わりたいが「決定打」となるものが無く関われないことや，「機関同士の関係」が困難であると捉えている傾向がみられました。

4. アンケート調査から見えてきたこと

　経験年数をみていくと，3年未満のものは全体の半数以上（58.1%）を占め，その約半数（46.0%）は1年未満という結果でした。長年の経験者であっても，ケースごとに知恵を絞り工夫しながら業務に従事しており，職場が経験の浅い支援者だけでは悩み迷いながら対応していることが容易に推測されました。

　また，困難事例の「困難」とはどんな状況を示しているのかを明らかにすることの意義では，「困難」な状況と対応は，初期とそれ以降では異なると考え，「初期対応のときの困難事例」，「困難さをもつ事例」の2つに分けて質問し，「困難さ」をコード化し，カテゴリー化しました。（表2-8〜2-11）。

　また事例の「困難」についての解釈に関しては，支援者側の視点からの困難さと捉えての事例が多く出されていました。加えて，市町村は地域での生活を支援していくことになるため，調査から支援につなげるサービスや社会資源を見える化できないかと考え，「現在支援に役立っているサービス」，「必要だと思う支援やサービス」を尋ねました。（表2-6，2-7）「必要だと思う支援やサービス」では，登校支援は支援者全体の約半数（48.8%）が必要と考えていました。続いて社会変化や経済的困窮などの理由から，夜間就労にともなう夜間保育所を必要と考える支援者は多いものの，公的なサービスはほぼないという現状が明らかになりました。

　資格については，社会福祉士を筆頭にして臨床心理士や保健師，保育士教員など，福祉，心理，保健，教育など多分野の専門職が従事していることがわかりました。今回の調査結果からは，資格ごとの大きな差はみられず，地域が限定されていることや，サンプルサイズが小さいこともあり，調査結果には限界がありました。

　経験年数が浅い中，手探りで困難な状況に対応していることに対してどんな支援ができるかを話し合い「マニュアルではなく困った時にページを開いて対応の参考になるもの，冊子を開いて見てもらうことでエンパワーにつながるものを作っていくのはどうか」と意見が出てきて，「困難事例とその対応のヒント」を作成することになりました。

　調査からは，私たちが日頃に感覚的に感じていたことが，数値として明らかになったものがいくつかありました。私たち支援者が支援を行う際，困っ

ていることや苦慮していることのほんの一部ではありますが，それらを理解
できたことが，「困難事例とその対応のヒントを作るぞ！」という私たちの
原動力につながりました。

.

第3章

困難事例への支援について【解釈編】

　第1章では，子ども虐待への対応において私たち市町村の子ども家庭相談が求められる役割が，児童福祉法の改定や制度の改変，また通告件数の増加で変化したこと，そして一番身近な基礎自治体として，支援につなげることに苦慮したり，長期化する支援に疲弊してしまうことも多い現状を報告しました。

　第2章では実際に困難に感じる事例とはどういった事例か，アンケート調査を行い，その結果をタイプ別に分類して具体的に示し，困難さについて整理しました。

　実際に支援している私たちは事例の困難さに振り回されてしまうことも多く，それは一生懸命対応しているからこそではありますが，そのために対応が後手になってしまうことがあります。

　第3章では，事例の困難さをどう捉えるかについて述べ，子ども虐待防止の基本的な考え方や対応における重要な視点や支援の姿勢についてお伝えします。第4章には具体的な事例を紹介していますので，それを通して理解を深めていただければと思います。

　なお，基本的な考え方や理論については，研究会に研修をいただいた流通科学大学教授（現・流通科学大学名誉教授）の加藤曜子氏の研修資料，岡山県子ども家庭課統括参事（現・倉敷児童相談所所長）の薬師寺真氏の研修資料や岡山県で作成された文献を引用・参考にして作成したものです。

1．市町村における子ども虐待防止の基本的な考え方

1）子ども虐待とは何か

　子ども虐待とは，子どもを守るべき保護者がさまざまな事情によりその責任を果たせず，本来護られるべき子どもの権利が護られていないことを言います。

　その背景には，夫婦関係の不和などの家庭関係上のストレス，失業や借金などの経済的問題，保護者や子どもの健康問題，近隣からの孤立など，精神的，経済的，身体的，社会的要因等が，複雑に絡み合っていると考えられます。

2）私たち子ども家庭相談が行う支援とは何か

　虐待通告は，子どもとその保護者への支援の始まりです。通告をきっかけに，その子どもと保護者の暮らしへの関わりをスタートすることができます。私たちは速やかかつ確実に，支援へとつなげる対応をこころがけることが大切になります。

　そして，私たちの支援は，保護者の「支援を受けたい」という思いを動機づけることから始まります。その際，私たちは「子どもを中心とした視点」を持つことが必要です。

　保護者の動機づけをしていく一方，保護者や家族を中心とした視点を置いて支援の動機づけをするアプローチをとると，結果として子どもの扱いにくさなど子どもの問題だけを引き出してしまうことになり，子どもの支援が後回しになることがあります。確かに私たちは子どもに直接的に何らかの支援をすることよりも，むしろ保護者に対してなんらかの支援をすることが多いのですが，結果的に子どもに還元される（子どものニーズが満たされる）ことが重要です。私たちに求められるのは，「子どもにとってどうなのか」という視点を忘れずに支援を行っていくことなのです。

　本章の後ろに掲載したコラム「国が示す市町村における子ども家庭支援の考え方」もご参照ください。

3) 保護者と協働して子どもを支援する

　私たちが，保護者と協働して子どもを支援しなければならないという，児童福祉法に記載されている「児童育成の共同責任」を果たす姿勢を維持しながら，「子どもを中心とした視点」によるアプローチを実践するためには，子どもを虐待してしまう保護者の言動を読み解き，理解することが大切です。たとえば，保護者に精神疾患や発達障がいがある場合はその症状や特性を理解することによって言動を読み解くこともできますが，それだけでなく，保護者のこれまで生きてきた辛さが背景にある場合もあります。

　保護者が自分の育てられた体験をもとに子どもを育てようとすることは自然なことであり，多くの保護者は自分の体験を，さまざまに意味づけて子育てをしています。保護者自身の人生における辛く厳しい体験は，そのまま放置しておくと人生のさまざまな場面において生きづらさを感じさせるようになり，子どもにも影響を与えることになります。私たちが，その保護者の言動を読み解き，その育ちを理解することは，保護者と協働して子どもを支援するうえで，大切な視点を提供してくれます。

　そのため，今の子どもとの関わり方を通じて，保護者自身がどのような子ども時代を過ごしてきたかといった体験について聴き取ることが大切です。そして，保護者自身が育ってきた環境を子どもとの関わりにおいてどのように意味づけているかを確認します。

　そうすることで，保護者がなぜ子どもに対して虐待と言われるような養育をするのかという理由が理解でき，また，「保護者の養育力（強さと困難性）」のアセスメントも可能となるのではないかと思います。

　もちろん，保護者の育ちを理解するためには，保護者からそれを聴き取ることができるだけの関係を築いていくことが欠かせません。

　そして，それは子どもの支援のためであり，それを行う際にも「子どもの育ちを一緒に支えたい」というメッセージを明確に伝えることが必要です。

　保護者自身のできていることを認め，エンパワメントしながらも，子どもを中心に置き，多機関で連携を図って家族へ働きかけることが重要です。

4)「家族の構造的問題」として把握すること

　子ども虐待への支援を考える際には，保護者の育ちを理解する視点も含めて，「家族の構造的問題」として把握することが大切であるとされています。

　というのも，保護者の育ってきた環境，就労や家計の状況，居住状況，人間関係，ストレス因子，心身の問題など親側の背景要因と，子どもの障がいや疾病などの育児負担の問題，望んだ妊娠かどうかという問題など，さまざまな要因が存在し，それらが複合，連鎖的に作用して構造的に虐待に至っているからです。また，保護者自身心身の問題を抱えていて治療が必要であったり，生育歴の問題に苦しんでいて，一時的な助言や経過観察だけではなかなか改善が望みにくい場合があります。

　以上のことから，支援を検討する上では家族を総合的・構造的に把握するように努める必要があります。また，一方では家族が抱えている生活上の困難やつらさを理解し，保護者の心情をくみとり，家族の構造的問題の理解の上で，保護者との相談関係を構築して支援につなげ，家族への総合的な支援を行うことが重要です（参考資料：子ども虐待の対応の手引き（平成25年8月改正））。

　参考に，家族の構造的問題を把握する上では，「ジェノグラム」を用いて家族の状況を共有することで，問題が可視化されやすい場合も多いため，ケース共有の場面などで活用されることをお薦めします。本章の後ろに掲載したコラムも参照してください。

5）子ども虐待への対応

　子どもへの虐待への対応については，次の3つのプロセスがあります。

①虐待の未然防止

　子育てに不安を抱えている保護者に対して，子育て支援サービスなどで地域や関係機関がきめ細かな支援を行うことにより，虐待の未然防止につなげます。

　妊娠期から子育てに不安を抱えるケースもあります。妊娠期から医療機関

や支援機関との連携体制を整えておくことも虐待の未然防止につながります。

②虐待の早期発見・早期対応

　子どもを虐待してしまう保護者も，本当は困っていることが多いものです。早期発見・早期対応は，子どもや保護者が必要な支援やサービスにつながるための第一歩となり，閉ざされた家庭で虐待がさらにエスカレートすることを防ぐことにつながります。通告は，虐待の早期発見とともに，関係機関の連携・支援のスタートになるのです。

　なお，児童福祉法や児童虐待の防止等に関する法律には，通告義務について規定されています。

③虐待の再発防止

　子どもを虐待してしまった保護者には，今後，虐待を起こさないように新たな家族関係を構築することが必要になります。そのため，養育に関する知識や技術の向上，同居家族以外の家族による協力の必要性など，保護者自身の虐待や子どもに関する理解と，周囲や関係機関による支援が重要になります。

　「子ども虐待は，誰にでも，どこでも起こりうる」という認識にたち，より子ども虐待が発生しやすい環境にいる子どもや保護者に対する支援を充実させていくことが重要です。

　私たち子ども家庭相談の役割は，住民にとって最も身近な相談支援機関として，さまざまな社会資源を活用し，長期的視野に立った支援を行うことです。

2．支援が困難に感じる事例の分類

　私たち子ども家庭相談が子ども虐待に対応するとき，さまざまな困難な事例に遭遇することがあります。第2章のアンケート結果からも見てわかるように，困難な事例でもっとも多い回答は，〈慢性化・常態化〉でした。これ

は，たとえば，保護者に精神疾患や知的障がいがあり養育そのものにハンデを抱えながらも，周囲の支援がない中で，子ども家庭相談からの支援を拒否するなどが続いて支援体制が整わず，虐待行為が繰り返されてしまう時などが考えられます。

次に多かった「支援の拒否」は，さまざまな提案を受け入れない場合や，体罰を自分のやり方と主張する場合などで，同じく多かった「支援の手ごたえのなさ」は保護者が支援を受け入れはするものの変化していかない場合などでした。

では，実際に支援が困難に感じる事例の問題はどのように分類して考えるかについてですが，「保護者自身の性格や育ちに起因するもの」，「保護者の持つ要因と合わせて家庭環境が起因するもの」，「社会的環境に起因するもの」，「制度やシステムの問題」，「関係機関との連携の困難さ」に分けて考えることができます。以下の1）〜5）を参考にしてください。

なお，全てのケースにおいて1つのカテゴリーに分類されるわけではなく，各カテゴリーが重複する事例ほど，子どもや保護者が困っている場合が多いものです。カテゴリーは，支援をする際のひとつの見立てとして参考にしてください。

1）保護者自身の性格や育ちに起因するもの

支援の拒否：不在，居留守，言葉による強い拒否。

状況把握が困難：生返事や「わかりました」などと返事するが，実際には訪問をキャンセルする。

いろいろな条件を出してくる：「お金がないから」，「2週間後に子どもと会わす」など，条件を出してくる。

挑発：「子育てもしたことないのに！」と担当者に詰め寄る。

話が伝わらない：いろいろ指導や助言をするも，内容を理解していない。

2）保護者のもつ要因と合わせ，家庭環境が起因するもの

慢性化・常態化：保護者の精神疾患，知的障がい，慢性疾患やアルコール

などの依存症。多子，養育能力の不足など，さまざまな養育上の課題を抱え
たネグレクト家庭。

　支援の手ごたえのなさ：いくら関わっても，改善が見られない家庭。

3)　社会的環境に起因するもの

ひとり親世帯，ステップファミリー，内縁関係，核家族化。
転居，離婚，死別。
失業，転職，不定的就労，生活保護廃止や拒否など経済的不安定。
夫婦間，パートナー間の関係性（支配的な関係等）。
近隣関係や近所づきあい。
外国籍の保護者，国民性。

4)　制度や法のシステムの問題に起因するもの

夜間や週末の就労が必要だが，子どもの預け先がない。
夜間放置や子どもの放置について，明確な定義が定まっていない。
言葉が通じない保護者への支援。

5)　関係機関との連携の困難さによるもの

保護者との関係性の悪化を恐れて通告しない。
通告元を明かさない虐待への対応。
不登校やいじめの問題と，児童虐待のリスクについての認識の差。
一時保護についてのリスクの認識の差。

3．困難な事例に対する支援者の視点

　支援が困難な事例について，どのような視点を持って対応を考えていく
かですが，①「なぜ保護者はそのような態度（拒否的など）をとるのだろう

か？」のように仮説を立てること，②「何が，そのようにさせているのか？」というように保護者自身が持つリスクを把握すること，の2つが重要です。

　この2つの視点をもちながら，以下を行っていきます。

　　a）客観的な情報（家庭の家族構成や医療機関情報，他の機関の状況など）を把握する。

　　b）その情報をもとに，どのような課題があるかを整理し，リスクやニーズのアセスメントを行う。

　　c）他の機関と連携・協働する重要性を認識する。

　　d）支援の目標を定め，どこまで関われるのか等の限界も検討しておく。

　　e）包括的な視点（総合的な視点）を持つ。

4．困難な事例に対する支援者の姿勢

　支援者が困難な事例に対応するため，私たちはどのような姿勢で支援を行うべきかについてですが，「保護者との関係による困難さ」と「事例内容による困難さ」への対応に分けて考えることができます。

1）「保護者との関係による困難さ」がある事例への対応について

a．支援者自身の自己理解

　自分自身の「弱いところ」と「強いところ」の把握をしておくことが重要です。

　コミュニケーション力があるか，人の言うことを気にするタイプか，話を傾聴するタイプか，相手をコントロールするタイプか，挑発された時の感情のコントロールができるか，拒否された場合は冷静に対応できるかなどです。

　対応する前に自分自身を振り返っておきましょう。

b．役割の理解と説明

　自分の所属する機関，そして連携して支援にあたる機関の役割について，理解を深めておきましょう。そして，連携する際には，私たち市区町村が支援する目的や見通しを説明し，共有するようにします。

c．保護者の行動や態度についての理解

　保護者の態度については，態度そのものに捉われないようにします。客観的な情報を基に，態度の裏側にあるものを見ていきます。

d．反応への予測

　ケースをアセスメントし，その段階ではこういう反応をするだろう，その反応に対してどのように対応するか，などと予測しておきます。そうすることで，ケースの難しい反応に冷静に対応できます。

　以上のa～dを踏まえ，問題解決のためのアプローチについて検討していく必要があります。その際は，①保護者を責めないこと，②保護者の強みを尊重すること，③家族の力をうまく活用できないかなど，家庭全体へのアプローチ方法などを検討すること，の3つが必要です。

2）「事例内容による困難さ」がある事例への対応について

a．自分たちだけですべて解決できないという認識をもつ

　事例内容が困難なケースに対応するためには，多くの関係機関による連携が必要です。子ども家庭相談だけ，自分たちの組織だけでは解決しないため，コミュニケーション力を高め，関係機関との調整を図る必要があります。

b．組織として長期にわたる支援体制の構築

　長期間にわたる支援が必要となる場合が多いため，担当者が変わっても，継続した対応ができるように考えておく必要があります。そのためには，支援のゴールを設定し，常に目的を持って関わることが重要です。子どもと家庭のニーズを把握しながら，新たな関係機関とも連携するなど，常に状況に応じた工夫が求められます。

c．関係機関との調整における姿勢

　関係機関との連携は重要ですが，その調整には労力が割かれることがあることもあります。そのため，機関調整への姿勢が重要な要素となります。日

頃から，関係機関への丁寧な対応をこころがけ（ソーシャルワーク技術やアセスメント力の取得・向上），関係機関との日常的な連携・協力関係を構築していく（特に児童相談所との連携と説明力の向上）ことが必要です。

d. 自己研鑽

「情報収集をし，アセスメントを行い，支援する」という一連の流れを行うには，社会学，心理学，発達心理，臨床心理，家族療法理論，ソーシャルワーク理論など，常に自己研鑽に努めておくことが必要です。

5. さいごに

子ども家庭相談の行うことは，支援がベースではありますが，状況により介入的な役割があることを認識しておく必要があります。

また，支援者は万能ではなく，間違いや思い込み等，ヒューマンエラーがあることを前提としましょう。自分だけで解決しようとせず，常に「なぜなのか？」を考えながら，「大したことはない」と勝手に判断せず，職場の同僚やSVなどと常に相談し，協働しながら対応することが重要です。

また，支援が困難な事例への対応については，劇的に低減させるような「特効薬」は存在しません。保護者や子どもに関わる支援機関が，協働による体制を整え，さらに個々の支援者の対応技量を向上させることが必要となります。

そのうえで課題解決にどのぐらい時間がかかるか，どのようなアプローチをすれば解決につながるかなど，支援のゴールを設定します。そうすることで，対応の出口をイメージすることができ，支援者側のメンタル面のダメージの軽減にもつながるものになります。

■　■　■　■　■

コラム①

国が示す市町村における子ども家庭支援の考え方

――厚生労働省「市町村子ども家庭支援指針」（ガイドライン）から――

　厚生労働省は，平成 29 年（2017 年）3 月 31 日に「市町村子ども家庭支援指針」（ガイドライン）を発出しました。ここには，児童福祉法の理念に照らし，市町村における子ども家庭支援の基本的な考え方や子ども家庭支援に求められる専門性などについて示されています。

　簡単に抜粋すると，まず，市町村における子ども家庭支援の基本として，すべての子どもの権利を擁護するために，子どもと家庭への支援を行うにあたっては，子どもと家庭に最も身近な基礎自治体である市町村がその責務を負うことが望ましいとされています。

　その中で市町村に求められる機能として，①拠点（市区町村子ども家庭総合支援拠点）づくりとコミュニティを基盤としたソーシャルワークの展開，②子ども家庭支援員等及び組織としてのレベルアップ，③資源をつなぐ役割等，④地域づくり，⑤常に生活の場であること，を挙げています。

　また，市町村子ども家庭支援に求められる専門性の基本的な考え方として，①子どもの最善の利益の尊重・子どもの安全の確保の徹底，②子ども及びその保護者の参加の促進，③保護者の養育責任の尊重と市町村の支援義務，④基礎自治体としての責務，⑤秘密の保持，⑥家庭全体の問題としての把握，⑦切れ目のない支援，⑧職員としての到達目標，の 8 つの項目に分けて説明されています。

参考文献：厚生労働省．市町村子ども家庭支援指針（ガイドライン）．

■　■　■　■　■

■ ■ ■ ■ ■
コラム②
ジェノグラム（家族図）について

　ジェノグラムは家族の理解にとても有効なツールです。記号と線で家族や親族関係を描き，そこに年齢などの情報を書き込むため，家族の情報が見える化され，家族を把握しアセスメントするのにたいへん役立ちますし，支援方針を検討する場などに用いることで，関係者や関係機関の間で家族の情報が共有しやすくなります。また，面接場面で相談者とジェノグラムを作成することで，家族の歴史や親族の話題などに触れやすくなり，人的資源を含む家族の強みなど新たな情報や気づきを相談者と共有することができます。

　現在のところ，ジェノグラムの描き方の方法に統一されたルールはありませんが，子どもの虹情報研究センター（国の虐待・思春期問題情報研修センター事業を実施する研修・研究機関。高度専門的な研修を行う）がオンライン上で公開している研修資料「手にとるように家族がわかるジェノグラム描き方と活用のコツ（第2版）」は，わかりやすく参考になります。下記のサイトを参照ください。

・https://www.crcjapan.net/wp-content/uploads/2021/03/genogram202204.pdf

ジェノグラムの描き方のポイント（「手にとるように家族がわかるジェノグラム描き方と活用のコツ（第2版）」から）
・□は男性，○は女性，記号の中に年齢を書きます。（物故者は記号に×や黒を塗ったりして記すことが多いです。）胎児は小さい△で記します。
・相談対象となる人の記号を二重にします。
・上に親世代，下に子ども世代を置きます。
・夫を左，妻を右に配置して，線でつなぎます。

・婚姻届を出している夫婦は実線で，内縁（事実婚）または恋愛
　関係の場合は点線を用います。
・離婚と再婚が繰り返される場合，男女とも左から古い関係順
　に配置し，右側に新しい関係の者を置きます。
・離婚は 2 本斜線，別居は 1 本斜線で示します。
・子どもは，年長者を左に，年少になるに従い，右に配置して
　いきます。
・同居家族を点線で囲んでいます。

ジェノグラムの具体例
　　架空の家族のジェノグラムを描いてみました。

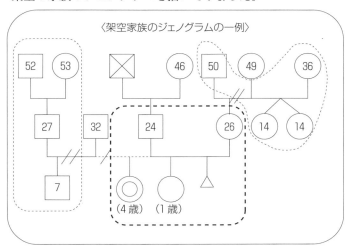

〈架空家族のジェノグラムの一例〉

　　このジェノグラムで，次のようなことがわかります。
・本児（4 歳女の子）は，現在，24 歳の義理の父親と 26 歳の母
　親と 1 歳の妹の 4 人家族です（この図では，本児と義理の父
　親が養子縁組しているのかは確認できません）。
・母親は，現在，妊娠中です。
・母親は 1 度目の結婚で男の子（現在 7 歳）を出産しましたが，離
　婚しその子どもは 27 歳の父親とその両親の 4 人で生活しています。

・本児の実の父親は，現在 32 歳ですが，母親とその男性とは結婚しませんでした。
・1 歳の妹は，母親と本児の義理の父親である 24 歳の男性との間に生まれた子どもです。母親とはその男性は結婚（母は再婚）をしています。
・本児の義理の父親（妹の実父）方の祖父は他界していますが，46 歳の祖母は健在です。
・本児の母方の実祖母は現在 49 歳ですが，母方の祖父とは離婚しています。
・母方祖父は再婚しており，再婚相手とその間に生まれた双子の本児の叔母（母の妹）の 4 人で暮らしています。

　このジェノグラムに，結婚，離婚，出生，死亡などの日付やその時の年齢を書き込むと，さらに家族の歴史を紐解くことができます。
　このように，ジェノグラムは家族を理解する上で，大きな手助けとなるツールです。まず，ジェノグラムを描く習慣をつけてみませんか？

参考資料・参考文献
子どもの虹情報研究センター（2022）手にとるように家族がわかるジェノグラム描き方と活用のコツ（第2版）．子どもの虹情報研修センターミニ講座シリーズ2 解説資料．
早樫一男編著（2016）対人援助職のためのジェノグラム入門．中央法規．
早樫一男編著，千葉晃央・寺本紀子著（2021）ジェノグラムを活用した相談面接入門．中央法規．

第4章

困難事例への支援について【対応編】

1．事例とその対応のヒントについて

　これ以降に記載している事例は，今回の市町村を対象としたアンケートで得られた，担当者が困難さを感じる事例（「初期対応のときの困難事例」と「（事例そのものに）困難さをもつ事例」の2種類）をもとに，それぞれ特に直面する機会が多いと考えられる架空の14事例を作成したものです。

　第2章で説明した通り，初期対応のときの困難事例はAからGの7カテゴリーに，困難さをもつ事例はアからケの9カテゴリーに分類しました。各Qの見出しに，たとえば「事例1～ 「A：会えない」」とあるのは，その第2章で分類したカテゴリーを表記しております（表4-1）。

　対応については，虐待への警告や指導といった強制的な介入の姿勢ではなく，子どもとその家族に寄り添うような支援の姿勢を重視して記載しています。これは，市町村のもつ，複数の部署による多面的な支援，地域の見守りによる継続的な支援ができるという社会資源の性質をふまえて，検討したためです。

　記載している視点や対応のヒントは一例に過ぎません。この他にも有効な対応方法や技法があると思います。しかし，事例と対応方法をお読みになることで，他の支援者がどのような視点で考え，どのような対応をしているのかを知ることができると思います。この対応方法を直接使うことがなかったとしても，市町村としてできる支援のあり方や考え方のヒントが得られることを願っています。

42

表 4-1

事例 No	初期対応の困難事例（A～G）	困難さを持つ事例（ア～ケ）
1	A「会えない」	
2	B「会えるけど拒否」	エ「支援の拒否」
3	B「会えるけど拒否」	エ「支援の拒否」
4	C「関係機関の対応」	
5	D「通告元が判明することへの不安」	
6	E「虐待かどうかの判断が困難」	
7	G「関係機関連携の困難さ」	イ「状況の把握が困難」
8		ア「機関間の共通理解が困難」 カ「慢性化・常態化」
9		ア「機関間の共通理解が困難」
10		イ「状況の把握が困難」
11	F「システムが整っていない為に生じる困難さ」	
12		エ「支援の拒否」
13		カ「慢性化・常態化」
14		ケ「決定打のなさ」

２．具体的な事例 Q & A

事例 **1**　転居を繰り返す家庭で,会うことができない 「A：会えない」

　移管連絡のあった転居を繰り返す子どもとその家族で,所属がないため家庭訪問を行うが,何度訪問しても居留守を使っているのか出てこない。オートロックのため,玄関の様子もわからない状態が続いている。居所不明になる心配もあるケース。

・ ・

●視点
・高頻度の転居自体をリスク要因として捉えておく。
・継続して,さまざまな手段・方法で安全確認を行っていく必要がある。
・原則 48 時間以内としている安全確認ができない場合,児童相談所への報告,助言を求めることも視野に入れる。
・自治体間など関係機関のスピーディーで確実な情報連携が重要。
・居所不明となることを防止するため,早い段階での見守り体制の構築に努める。

・ ・

●対応のヒント
　移管時の転入情報の引継ぎについて保護者の同意を得られるよう,自治体間で調整を図ることで「移管元から急に転居したので心配の連絡があった」とアプローチがしやすくなります。また,移管情報から,虐待事象の種別と重症度を確認し,移管元での安全確認の方法や支援内容（これまでの保護者に関する支援方法や関わりのコツ等）について調査しておきます。
　訪問では転入時には必ず子どもを含めて対面で会って,「（子育てサービスの情報ツールを提示しながら）子育て支援サービスは市町村によって違

うものもありますので，転入の際には市の子育て支援のサービスをお伝えするようにしています」，「転居してきた子育て世帯へは訪問させていただいています」もしくは「慣れない土地での子育てで何か困ったことがないか，話を聞かせてもらっています」など，家庭訪問や面談が特別なことではないことを強調しながら，保護者へメッセージを伝えていきます。

　また並行して，母子保健や児童手当関係，子育てサービス等の利用の可能性があるのであれば，要対協を中心とした関係機関や地域の民生委員等へ，情報連携の協力について依頼しておきます。

　複数回の訪問を行っても，原則48時間以内としている安全確認ができない場合，また，転居を繰り返す中で長期間にわたり，安全確認ができていない場合など，重症度が高い可能性があるときは，児童相談所への相談，協力要請について検討しましょう。

　なお，面談ができた際には，未就園児など所属がない児童の状況把握調査について保護者に説明し，今後も子どもの安全確認への協力をお願いしておくことが好ましいです。その際には，連絡がつきやすい携帯番号や，連絡してもよい時間帯などを確認しておくことで，相手への配慮が伝わり，安心感を与えることもできます。

　居所不明となることを防ぐため，短期間で転出入を繰り返すような場合は，保護者に同行して転出等の手続きの支援を行うこと，転出先の市町村と早急に連絡を取り合って双方で居住確認を行うことなども大事です。また，転出先の市町村に支援経過等について情報提供すること，保護者に転出先の相談機関と担当者を伝えておくこと，要保護児童対策地域協議会だけでなく，子どもの所属機関や関係機関の間での引きつぎも行うなど，スピーディーで確実な情報伝達も重要になります。

　転入の際には，保護者と連絡が取れるようにするとともに，関係機関でのケース会議等で，これまでの経過，支援のポイント，役割分担について情報共有し，できるだけ早い段階で見守り体制を構築することが望ましいです。

対応のアイディア

・主任児童委員や民生委員への協力依頼を行います。「連絡がつきにくい児童がいますので，しばらく電気がついているのか，洗濯物が干してあるかなど，在宅時の状況を見ておいていただけますか。そして，○週間後に電話で教えていただけますか」と期限を限定することも大切です。

・家庭訪問の際には，あえて1回で資料を全部持参せず，複数回の面談につなげます。「○○の資料を持参しなかったので，また改めて持ってきます」。

・子どもへ手作りの玩具などを貸します。「次に返してくれればいいですよ」。

・情報提供を目的に訪問します。「予防接種のことについて，近隣の医院の情報を伝えるために訪問しています」など。

投函する手紙の例

「私たちは子育て相談の窓口です。転入いただいた方へ，○○市の子育て支援情報などをお伝えできたらと思っています。子どもさん・保護者の方にお会いしてお話しをさせていただいています。何か少しでもお役に立てることがあればと思っていますので，一度ご連絡をください」。

（連絡がなければ）

「以前お伺いしましたがご連絡がありませんでしたので，再度お伺いしました。転入後，何かご不安なことなどはありませんか？　○月○日○時頃，再度訪問させていただきますので，ご自宅にいてくだされればさいわいです。ご都合悪い時にはご連絡ください。ご連絡お待ちしています」。

（アプローチを続け，それでも連絡がなければ）

「連絡がとれなくてとても心配しています。他機関へも相談させていただくこともあります。必ずご連絡ください」など。

事例❷　暴力があっても虐待と認めず話し合いに応じない 「B：会えるけど拒否」「エ：支援の拒否」

　児童にアザがあり，児童の所属機関からの通告を受けて家庭訪問し，保護者に話を聞いたところ，保護者は暴力があったことは認めるが，一方で「これは家のしつけ」，「他人の家のことは放っておいてくれ」，「私も親から同じようにされてきて間違っていると思わない」と話し合う余地がない状況である。その後も事象が繰り返されるたびに保護者への指導を行うが，「仕事だから来ているだけだろう」と話を真剣に聞く様子が見られない。

・・

●視点
・軽～中度の虐待事象が繰り返され，エスカレートしていく危険性がある。
・保護者自身が児童への対応方法の誤りを認めないため，支援機関と対立関係に陥りやすいリスクがある。
・児童の所属機関と情報連携し，対応方針を共有しておく。
・虐待の重症度や状況に応じて，児童相談所と対応方針を共有する。

・・

●対応のヒント
　保護者が面会等に応じ，児童虐待の事象について説明はするものの，保護者と子ども家庭相談のやり取りが平行線となって保護者の行動が改善されなかったり，子ども家庭相談からの一方的な指導になると，対立関係に陥ることがあります。
　まずは保護者の「（子どもに）こうなってほしい」という熱心な思いや頑張りを認めて，子どもへのしつけの考えがあることを一旦受け止め，気持ちを丁寧に聞いていくことが大切です。
　その中で，たとえば言うことをきいてくれない子どもへのストレスや，いくら言っても伝わらない無力感，親としての焦り，育児への負担感など

を十分に聞き取ることが必要です。

　そのうえで，暴力を用いたしつけが問題解決につながらないことや，より過度な暴力につながる可能性があることを伝えるとよいでしょう。

　たとえば「お母さん（お父さん）の，『叩いてでも子どもをしつけないといけない』という思いは，それだけ子どものことを思っていることだとは理解できます。ただ，暴力で対応することで，子どもも解決方法として暴力を用いるようになります。また，暴力で解決することはその場しのぎであり，叩いても言うことを聞かないと次はもっと強く叩いて言うことを聞かせなければと，暴力が段々とエスカレートしていくことになります」というように説明することも一例です。

　この事例の後ろに掲載しているコラム「親への暴力防止のアプローチ」もご参照ください。

「放っておいて」と言われた場合

　保護者から「他人の家のことは放っておいて」と言われた場合であっても，「市町村として，家庭とともに子どもの成長を見守る責任があるので，関わらせていただきたいのです」，「ご両親のやり方を責めるための話をするのではなく，よりよい対応方法を一緒に考えるために協力したいのです」といった言葉で説明します。子ども家庭相談が関わる理由や，一方的な指導や監督をするのではないことを伝えることで，相手が安心することもあります。

　保護者によっては市町村の責任としての法的根拠を説明したほうが，わかってもらいやすい場合もあります。児童福祉法や市町村の条例等もあれば，合わせて丁寧に伝えることも一つの手段です（例；児童福祉法第2条3項「国及び地方公共団体は，児童の保護者とともに，児童を心身ともに健やかに育成する責任を負う」）。

　保護者との信頼関係を築くためには，継続的に関わり続けることが必要です。一方的な指導だけでは受け入れられにくいため，保護者の今までの対応のうち，暴力以外の対応でうまくいったことは何かを確認するなどで，保護者自身の持っている力を引き出し，暴力以外の対応を促すことが大切です。また，「次の訪問時までに，暴力以外で対応できたことがあれば，

覚えておいて教えてほしい」などの約束をし，次回の訪問につなげること
も一つの方法です。

保護者の体罰観

　また，保護者自身が叩かれて成長し，叩かれて育ってきたことを肯定し
ている場合もあります。

　その場合，保護者自身がどのように親からしつけられてきたのかを聞く
中で，「『叩かれた』ことより，『叩かれたことで善悪の区別を教えてもらっ
た』ことが大切なのではないでしょうか」と保護者の認知の修正を図った
り，「叩かれると，恐怖が残ってしまい，子どもの心や脳に良い影響を与
えない」ということ，「暴力はエスカレートしてしまう」ということを話
しておくことも大切です。

　保護者によっては言葉での説明より，リーフレット等を用いたほうが理
解しやすい場合があります。各市町村で発行している児童虐待防止のため
のリーフレットや，『愛の鞭ゼロ作戦』リーフレットを用いて説明するこ
とが，効果的な場合もあります。

　『愛の鞭ゼロ作戦』とは，厚生労働省が行っている啓発活動です。子ど
ものしつけには体罰が必要という誤った認識・風潮を社会から一層するこ
とを目的に，体罰によらない育児を推進するための啓発資材（リーフレッ
ト）「子どもを健やかに育むために〜愛の鞭ゼロ作成〜」が作成されてい
ます。詳しくは 121 ページをご参照ください。

他機関との連携

　怪我の重症度が大きい場合や，頻度が高い場合（「新たなパートナーの存
在が発覚した」など，家族構成の大きな変化にも注意が必要です）は，一
時保護の検討を視野に入れて児童相談所に相談することも必要となります。
そのため身体的虐待が継続する事例では，子ども家庭相談と児童の所属機
関（学校等）との間で，傷やアザの発見から通告までの流れについての対
応方針に関する共通認識をもっておくことが重要です。

　そのうえで，児童虐待事象が起こるたびに，児童の所属機関と協力して
通告と指導を重ねていきます。児童相談所とは虐待事象への対応を積み上

げ，児童相談所からの指導のタイミングや，一時保護の検討について相談
しておきます。

　一時保護の可能性がある場合には，「このような状況が続くようであれ
ば一時保護となる可能性もある」と，保護者に伝えておく必要があります。
突然の一時保護になってしまうよりも，事前に伝えておくと，見通しとし
て示すことにつながるからです。

　しかしそれが保護者に，一方的な警告や突き放しとして捉えられると，
子ども家庭相談との関係悪化につながる恐れや，体罰の代わりに言葉の暴
力へ移行して，かえって子どもが受けるダメージが大きくなる恐れがあり
ます。

　そのため伝え方については，保護者がどう反応するかを考慮しながら慎
重に検討します。「児童相談所が『子どもにとって危険』と感じた場合は，
両親が子どものためを思ってしていることだとしても，子どもの安全のた
めに一時的に保護者のもとから分離させられることがあります。そうなる
ことは，親も子どもも望んでいることではないでしょう。そうならないた
めに別の対応方法がないかを一緒に考えていきましょう」などと，説明す
ることもあります。

■　■　■　■　■
コラム③
親への暴力防止のアプローチ

　親に子どもへの暴力防止を伝えていくことは，子ども虐待に携わっている支援者にとってはとても難しいことの1つです。なぜかと言うと，その親と子の状況に合わせて話をすることと，暴力を防止する方法について現実的にできることを提示していくことを，一緒にしていかなければならないからです。

　その一つの方法として，家族参加型支援会議を紹介します。

「家族参加型支援会議」

　通常の支援会議は，子ども虐待に関わる機関が集まって対応を検討するものです。しかし，この家族参加型支援会議は，暴力をふるった親や家族，そして被害にあった子どもと身近な支援者が集まり，「なぜ今回の事象が起ったのか」，「今後同じことが起こらないためにはどうしたらいいのか」，「そのためにできること（解決策）は何か」を話し合うものです。

　とは言え，暴力を振るっている親や家族に，会議の席に来てもらうことは至難の業です。児童相談所など法的権限のある機関からの呼び出しであれば，親も出席拒否ができないとなりますが，法的権限を持たない市町村の子ども家庭相談部門からは，お願いや協力としか言えません。「何の権限をもって呼びつけるのか」，「行きません」と，叱られ出席を拒否される事態は普通に起こります。

　しかし，粘り強く連絡を重ね，「決して親を責める場ではないこと」，「逆に親が抱えている心配や困りごとを聞かせてもいたいと思っていること」，「1つでも解決できることを，一緒に考えさせてもらう場としたいこと」など，こちらの提案の主旨を伝えていきます。最初は怒りの感情を出されていても，「こちらは心配している」と伝えるうちに，少しずつ態度が変化し，何

度目かの連絡で参加の返事を得られることは少なくありません。

　また，子どもにも会議への参加意思を確認します。なぜなら解決策の実行者として，会議の大切な参加メンバーだからです。時に「帰ってから叱られるのが怖い」と訴えることがありますが，「暴力を振るわない，叱らないことをみんなの前で約束してもらって帰ってもらうよ」，「一緒にできることを考えていくから，できることがあれば言ってね。言えない時には助けるからね」と，会議への主体的な参加や解決策の提案を促します。

　会議の場で解決策を話し合う場合，親や子ができることを出し合ってもらいますが，出ない時には支援者がサポートをしながら，当事者の「できると言った」発言の中から解決策を決めていきます。

　人は自らが決めたことは積極的に実行しますが，そうでないことにはなかなか取り組みにくく，特に子どもの場合は顕著だと言われています。家庭での虐待事象に至る要因はさまざまなことが関係しており，これを１つ実行したら全てが解決するという「魔法の解決策」はありません。要因と考えられるものをスモールステップで１つずつ解決していくことしかないのです。

　また，できなかった時の「結果（制限）」も考えます。

　例えば，「子どもがゲームを際限なくやって，宿題ができていない。親は感情的に叱り，取り上げる際に揉みあいとなり，子どもがケガをした」という事象の場合です。解決策で「（子どもが）時間を決めてゲームをする」と決めた場合を考えてみます。

　子どもには，ゲーム時間，時間を守らなかった場合の「結果（制限）」についても決めてもらいます。ゲーム時間は，参加者が決めるのではなく，子どもが決め，その時間が現実的でない時は，周囲が助言し，最後は子どもが決めます。それを会議の参加者みんなで確認し，応援するというものです。親や家族の「結果（制限）」を決める場合も，同じ方法で進めます。

　次の項では，子どもの所属機関が暴力防止について伝えていたにもかかわらず，繰り返し暴力が起こっている場合の例を挙

げて，対応方法の1つについて紹介します。なお，個人が特定されないように，事例を変更しています。

家族参加型会議の例

　子どもの所属している中学校から「担任が登校時に顔面の腫れがあることを発見した。子どもからの聞き取りで，昨夜父親から殴られたと聞き取った」と市に通告が入りました。父親からの暴力は以前からあり，学校から父親へは話をしていましたが，エスカレートしていました。子どもは登校しぶりが出ており，対応が難しい状況にもありました。

　担当者は今の状況を改善していくために，親子と支援者が集まって，安全安心の生活を考えていく「家族参加型支援会議」の開催を提案しました。

●会議の参集

　担当者からは，「市は今回の出来事（虐待事象）が起ったことを心配しています。一度お父さんお母さんと会ってお話を聞かせてもらいたいと思っています。」と連絡がとれる母親に話をしました。母親は，「父親に話してみます」と言いましたが，父親は「行かない」と母親へ伝えていました。そのため，担当者は父親に直接連絡をし，今回の事象を心配していること，家での安全安心な生活をしていくための話し合いと，どうすればいいのかを一緒に考えたいこと，親を責める場ではないので，安心して来てもらいたいという旨の話をしました。何度か父親に連絡していくと，参加の了解を得ることができました。「お父さんを助けてくださる方がどなたかいらっしゃれば，一緒に来てきただきたいのですが」と伝え，話し合いで孤立しないよう，親子の側に立って支援してもらえる人の参加を促しました。今回は特にはなかったため，父母と子どもの3人で参加することになりました。

●話し合い（会議）

　話し合いは子どもの通っている学校で行われ，内容はホワイ

トボードに記録しながら進めました。内容は以下に箇条書きでまとめたとおりです。

- 家族の中で何が起こっているのか，当事者参加者で状況を確認しました。
- 今できていることや家族の強みになる部分を出してもらいました。
- 親子が安心安全に暮らすための「目標」を設定しました。
- 家族で自分たちができることを出してもらい，支援者も一緒になってアイデア出しをしました。その中から実行可能なことを家族自らで選んでもらいました。
- 最後に，今日の決めたことを確認するとともに，帰宅後は暴力を振るうことがないよう，叩きたくなる問題が起こった時には，まずは学校や子ども家庭相談に連絡をして欲しいことを父親にお願いし，連絡・相談の時間帯や電話番号を記載しました。
- 話し合いの内容は，参加者全員で確認し，記録は写真にとって，その場で印刷して家庭と支援機関が持つことにしました。解決策が上手く進んでいるかの確認のため，次回の約束をしました。

●会議を終えて

　話し合いの中で，父親は，子どもが学校に行けなくなっていることを怠惰によるものと思っていたのですが，子どもの発達課題に起因することもあるのだと知りました。そのため，それらへの対応についても話し合われました。父親自身が困っていたことや心配してたこともわかり，支援機関と話をしていく最初の一歩となりました。

■　■　■　■　■

事例 3　ネグレクトのおそれがあるも支援を受け付けない
「B：会えるけど拒否」「エ：支援の拒否」

　きょうだいが多いが，ほとんどが学校や保育園を休んでいる。家の中は足の踏み場もない状態で，上の中学生は幼児の弟や妹の世話をさせられている様子だが，保護者は「子どもが学校より家でいるほうが楽しいと言っている」，「弟や妹が体調不良で保育園を休んでも，自分は仕事でみることができない」などの理由を話し，支援を拒否している。

● 視点
・家の中が不潔・不衛生であれば，健康面に被害が及ぶことや乳幼児の場合には思わぬ怪我が生じることがある。
・子どもが乳幼児の場合，誤飲や目離しによる怪我が生じるリスクがある。
・必要な医療受診を受けさせないリスクがある。
・きょうだいの世話のために，子どもが半強制的に登校禁止状態に陥るリスクがある。
・子ども自身が，必要な時にはSOSを出しやすい関係作りに努める。
・保護者や子どもの負担軽減を目的とした，ヘルパー利用など障がい福祉サービス等の導入を視野に入れる。

● 対応のヒント
　最初に，ネグレクトの重症度を見極め，かつ支援の方向性を考えるために，子どもたちの発育と発達のアセスメントを行うことが必要です。たとえば子どもたちの身長や体重は，成長曲線からどれくらい離れているか，情緒面での育ちに気になる部分はないかなどを，児童の所属機関はもちろん，過去の保健センターでの定期健診時の様子などを含め調査を行います。医療機関を受診しているとの情報があるならば，必要に応じて医療的に気

になる点はないかを調査することも検討します。

保護者への対応の姿勢

　保護者への対応の前提として，「ネグレクトは虐待です。改善してください」というような保護者を責める指導は，効果が得られない可能性が高いです。たいていの保護者は，現状を良いと思っているわけではないけれど，どうにも現状を変えられない行き詰まり状況に陥っていると考えられるからです。そのうえで，行政等から状況を改善するようにとだけ言われてしまうと，保護者からすると無理難題を突き付けられているように感じ，支援を拒否せざるを得なくなるのかもしれません。

保護者の拒否の裏にあるもの

　保護者の支援拒否の姿勢には，支援者側としては大変苦慮するものです。しかし一方で，このようなネグレクト状況が生じていること自体，「保護者と子どもたちだけでは，現状を変えたくてもどうにもならないんだ」という，「声にならないSOS」として支援者側が捉えることが大切です。

　たとえば，家が物で散乱している状況が続いている背景には，借金があるためお金を稼いで子ども達にご飯を食べさせることに必死で，家を片付ける余裕がない場合が考えられます。または，保護者自身の発達的な特性から片付けができない場合，子どもたち自身に発達的な課題があって落ち着きがなく，片付けも苦手で次から次へと部屋が散らかっていく場合もあります。親族や配偶者からの物理的心理的なサポートが得にくい場合もあります。さまざまな状況を想定しながら，まずは保護者やその家庭と関わり続ける努力，保護者とつながる努力をし続けることが大切です。

　電話や訪問を繰り返しても応答がない場合もあります。その場合は，保育園での定期的な面談に同席させてもらう，学校の家庭訪問に同行するなど，保育園や学校の協力を得ながら，保護者との接点を作る努力をします。

　長期的なスパンで家庭と関わる覚悟と，関係機関との密な連携が必要になります。その関わりを続ける中で保護者と話をする機会を作ることができた際には，まず保護者がさまざまに大変な状況のなか，生活を回すために仕事を続けておられる点を労います。そして，今の生活で保護者が一番

困っているのはどういうことなのか，そこがどう変わったら保護者がもっと楽に育児や生活をしていけると考えているかについて，できるだけ丁寧に話を聞きます。

さまざまな支援へのつなぎ

　保育園年代の子どもたちが，体調不良によって保育園に通わせられない状況であれば，病児保育の利用について情報提供することが必要です。また，仕事の都合で長時間家を離れなければならないのであれば，ショートステイやトワイライトステイの利用を促すことも必要です。

　保護者に，精神疾患など何らかの障がいがネグレクトの背景としてある場合は，必要に応じて病院受診を促します。さらに，障がい福祉担当課や障がいの計画相談事業所などと連携しながら，保育所への送迎や掃除や料理等を含む家事ヘルパーといった福祉サービスにつなぐことも，選択肢としてあがってきます。福祉サービスであれば，定期的に家庭内に入り援助してくれるため，保護者やこどもたちの状況をより見守りやすくもなります。

　保護者が育児より仕事を優先している背景として，経済的な困窮があり，お金を稼ぐことに必死すぎるがゆえに子どもを放置せざるをえない状況なのであれば，現在の経済状況や，祖父母と保護者の関係性や，生活実態を具体的に把握したうえで，経済困窮状況を解消し経済面を安定させる一つの手段として，生活保護制度の利用を勧めることも考えられます。保護者の心理的な抵抗感を少しでも減らすために，生活保護の申請に同行することも一つでしょう。保護者自身もよくわからない借金があるようであれば，市の無料法律相談や法テラスなどを案内し，弁護士等の専門家に相談し，経済問題を解消に向かわせるための体制を整えることも考えられます。

他機関との連携

　小中学校年代の子どもが全く登校できない状況が続くようであれば，強制はしていなくても登校させないことは，子どもが教育を受ける機会を損なうネグレクトにあたることを，教育委員会から伝えてもらうよう依頼します。

　また，きょうだいらが学校・園に全く来ないのであれば，安全確認の必要性があるため，登校はできなくても，学校や子ども家庭相談の定期的な家庭訪問には応じてもらうよう保護者と約束しておくことも必要です。

　あわせて子ども家庭相談からは，不潔や不衛生などの環境を改善するための支援を重ねていきます。

　それでも状況が変わらず，放置や衛生状態が悪化して危険性が高くなってきた場合には，児童相談所と事前に検討したうえで，「子どもの安心と安全が守られていないと判断された場合は，一時保護される可能性もあります」と保護者に伝え，児童相談所の介入を促すことも視野に入れます。

子どもへの関わり

　また，子どもたちがSOSやヘルプのサインを出しやすくなるための関係性を築くことも大切です。たとえば訪問等で直接会えた際に，子どもらとボードゲームなどで一緒に遊びながら，上のきょうだいには「お家ではいつもどう過ごしている？」，「下のきょうだいのご飯も作ってあげているの？」等と尋ねて具体的な生活状況を確認しながら，「最近，ひとりでいるときに困ったことはあった？」とエピソードを聞くことで，面倒を見させられる負担を子ども自身どう感じているのかを聞きます。

　親が長時間帰ってこないことがあるならば，そういう時にはどう過ごしているのか，親とは必要時に連絡が取れる状況なのかも把握しておきます。子どもがどうしたらよいかわからず困ったときに，保護者以外に自らヘルプの連絡ができるよう，子ども家庭相談の連絡先を伝えておくこともよいでしょう。

　そして，子ども自身が今の状況に対して，どういう困り感を抱いているのか，どうなったらいいと考えているかを聞き，保護者と共有できるようであれば，子どもの困り感を減らすために保護者と子ども家庭相談や関係機関でできることは何かを，話し合っていきます。

事例**4**　児童の所属機関が保護者との関係悪化を恐れ通告をためらう
「C：関係機関の対応」

　児童の所属機関が，保護者との関係悪化を恐れて通告してこないことがある。または，児童の所属機関からの通告とせずに対応してほしいと言われた。

・・・・・・・・・・・・・・・・・・・・・・・・・・・・・・・・・・

●視点
・虐待の事実について具体的に保護者と話し合う必要性がある。
・保護者と所属機関の関係性と同様に，子どもの状況を確認することや，子どもが安心できる環境をつくることも大切であることを伝える。
・保護者との関係よりも子どもの安全・安心と健全育成を優先することを，児童の所属機関に伝える。
・子ども家庭相談としても，保護者と児童の所属機関の関係が悪化しないように配慮する。

・・・・・・・・・・・・・・・・・・・・・・・・・・・・・・・・・・

●対応のヒント
　児童の所属機関である学校や保育所等からの通告内容を，保護者に伝えないと，虐待事象について保護者と話し合えず問題が焦点化できないこともあります。特に，虐待の内容が児童の所属機関でしか知りえない場合は，児童の所属機関と丁寧に話し合う必要があります。

　一方で，児童の所属機関は，「学校（保育所）が，役所に家庭の状況を勝手に伝えた」，「学校（保育所）が，保護者が児童に対して虐待していると捉えている」と保護者が感じることで，保護者との関係が悪化し，保護者が児童の所属機関に対して素直に話をしなくなることや，苦情を呈すること，場合によっては児童を登校（登園）させなくなることを心配しています。

　「児童虐待の防止等に関する法律」の第七条には，躊躇することなく虐

待の通告が行えるようにとの趣旨から，「通告をした者を特定させるものを漏らしてはならない」とあります。子ども家庭相談が保護者対応をする際に，児童の所属機関の許可なく情報元を明言することは，避けるよう配慮したいところです。

　しかし，情報元を明言しなくても，虐待事象を知っているのが児童の所属機関しかない場合は，自ずと児童の所属機関が情報元であると保護者に知られます。そのため，通告元を無理に隠すことは，保護者と児童の所属機関の関係が一層悪化することにつながることもあります。

事前に児童の所属機関からの通告時の対応方法を決めておく

　学校しか知りえない場合など，情報元を伝えざるをえないこともあります。また，今後エスカレートして一時保護の可能性もある場合などは，突然の一時保護になってしまうより，事前に何度か告知を繰り返した結果の一時保護のほうが，保護者としても，これまでの経緯をふまえた理解となる場合もあります。

　何よりも大切なことは，子どもの安心と安全をどう守っていくのかということです。そのためには，児童の所属機関からの通告時の対応方法を，日頃から協議しておくことが重要です。

　この協議の場は，定期的な市町村の実務者研修や連絡会の場が想定されます。また，個別で対応しているケースの場合は，ケースのコンサルテーションとして，どのような場合に通告として対応するのか，それとも児童の所属機関からの指導にとどめるのか，また保護者にはどのように伝えるのかといった点を協議しておくと，円滑に進みやすいでしょう。

　子ども家庭相談としても，児童の所属機関と保護者との関係が悪化しないように，対応には最大限に配慮することが大切です。たとえば，保護者と話をする際も「原因不明の怪我や，受傷状況に説明がつかない怪我があれば，児童の所属機関は役所に報告する義務がある」というように，「所属機関が虐待と判断したのではなく，報告する義務があり，子どもを心配してのことである」ということを伝えると，保護者も納得しやすいでしょう。

児童の所属機関へ伝える内容の例

　児童虐待は，児童の所属機関と保護者との関係のみを重視するのではなく，児童の安全状況・養育状況をもとに考える必要があります。これは児童の所属機関に対してだけの考え方ではなく，児童に関わる分野全体に共通する考え方です。

　そのため児童の所属機関に，「原因不明な怪我や暴力によって起きた可能性のある怪我を発見した場合は，児童の所属機関が市町村に報告する義務がある」と，通告は一般的に義務として行われることを，保護者へ説明してもらいます。

　また家庭や児童については，「日頃から気にかけている」というメッセージを伝えるために，「怪我が多い」，「保護者の児童に対する態度が荒っぽい」，「食事を摂れていないことがある」などの気になることがある家庭には，普段から声掛けをして，家庭の状況を確認してもらうようにするとよいでしょう。そういったことが長期間続いたり，頻度や強度が著しくなった場合は，「改善がない場合や悪化した場合は，市町村に連絡する義務がある」と保護者に伝えてもらうとよいでしょう。

　ただし，そこまでの段階になる前に，保護者が児童の所属機関や市町村に自ら相談することができるよう，児童の所属機関に促してもらうことが大切です。

事例5　身内しか知りえない内容の通告があった 「D：通告元が判明することへの不安」

　親族からの電話で，「姪が父親に，日頃からひどい暴言を受けている」などという，親族しか知りえないような内容で通告が入った場合，子ども家庭相談としては，どのように対応したらよいか。

・・・

●視点

・子どもの安全を最優先にして考える。
・家庭内での虐待は見えにくくエスカレートしやすいという視点をもつ。
・家族情報（ステップファミリーやDV傾向がないか等）からリスクを想像する。
・子がヘルプサインを出せる先をつくることを目指していく。困ったときに助けを求めることができる相手を作ることも目標に入れる。

・・・

●対応のヒント

　初期対応として，まずは通告者から，具体的な虐待事象（いつ頃から，なぜ虐待を疑ったか等）を聞き取り，子どもの安全確認と，子どもから直接聞き取る方法を検討します。並行して，住民基本台帳などの基本情報，子どもの心身の状況，登園登校状況，他に把握している者はいないか，家族関係や家庭状況等について，関係機関の協力も得ながら，調査を行います。

　子どもの親権の取り合いから，親族がこのような相談や通告を行うケースもあるため，事実情報を丁寧に聞いていくことが大切です。まず通告者が，通告の中身をどのくらい具体的に説明できるか，明確化しましょう。

　その過程で通告者が怒るなど，感情的になる場合は，親族間のトラブルがある可能性が疑われます。虐待内容を具体的に語れるのであれば，心配の可能性が高いですが，曖昧であれば，「直接目撃した人物から話を聞か

せてほしい」などと依頼しましょう。

　虐待事象が確認できなかった場合でも，一定期間，児童の所属機関への見守り依頼など調査期間を設けることで，通告内容をふまえた上で改めて児童とその家庭を捉え直すことができます。

対応のアイディア

・児童の所属機関の先生など，児童の話を聞きやすい人からの児童へのアプローチを検討します。きょうだいがいれば，きょうだいへのアプローチも検討し，「家族は仲がいい？」，「よく怒られたりする？」，「どんなことを褒められる？」，「どんなとき叱られる？　どんな風に叱られる？」などと家族関係の把握をするための声かけを工夫しましょう。

・民生委員，児童委員との連携もひとつの手段です。近隣住所からの情報が入っているかどうか，通りがかった時に実際怒鳴り声がしたなど，情報収集します。

・学校など児童の所属機関と相談し，所属機関での児童との面談設定を検討する方法もあります。その際，子どもが保護者に伝える場合があるので，子どもから話を聞いた保護者がどのように感じるかということも想定しながら，慎重に行う必要があります。「子ども家庭相談の部署が，巡回して〇年生の児童に話を聞かせてもらっています。学校生活はどう？きょうだいはいる？　おうちでは何をして過ごすことが多いの？」などの切り口から，家での様子や親子関係のことなどを聞き取ります。

・学校など児童の所属機関から個人懇談の内容や，日ごろの親子関係，学校でのいじめアンケート等，さまざまな情報を集めておくことも家庭状況の把握に役立ちます。

事例❻　子どもにアザがあるが虐待か判断できない 「E：虐待かどうかの判断が困難」

　保育所に通う3歳児の児童の体に小さなアザが見つかった。児童から話を聞いたが，受傷状況の説明が，言葉でうまくできなかった。保護者から話を聞くと，きょうだいゲンカでできたものだと説明した。その後もたびたび同じようなアザを作って登園し，その度に通告が入る。担当CWとして，どう保護者と会っていくべきか。

● ●

●視点

・子どもと保護者，家族の関係性を把握する。
・アザができている箇所（大きさ，数，色など）を確認する。
・アザを作って登園してくる曜日などに特徴はあるか，頻度などを確認する。
・身体的虐待の可能性の視点を持つ。

● ●

●対応のヒント

客観的な記録

　まずは保育所の先生に保護者へ，保護者の説明にあるようなきょうだいゲンカがどのような状況で起こっているのかを，丁寧に聞き取ってもらう必要があります。

　たとえばきょうだいゲンカに加えて，家の中に物が散乱しているために，物にぶつかりアザができるということであれば，家庭内の整頓を指導していくことで改善されるかもしれません。

　保護者の説明に，子どもの受傷状況について腑に落ちない点があったり，複数回アザの発見が続くようであれば，「これほどのきょうだいゲンカが続いている状況は心配なので，子ども家庭相談の人と一緒に話を聞かせてもらいたい」などと保育所の先生から保護者に伝えてもらうことで，保護

者と子ども家庭相談の部署をつないでもらうようにします。

　受傷の原因がわからないアザについては，客観的な記録を残しておきましょう。今後の支援方針を検討するうえでの重要な情報となります。

　アザの大きさがわかるように写真撮影をしておき，受傷が体のどの位置なのかも明記しておきましょう。受傷の日時，子どもに聞いた際に子ども自身の言葉で何と語ったか，保護者に送迎時に聞いた際に何と説明していたか，などについて記録しておくことが，重要な客観的な記録となります。

　このような記録を積み上げておくことで，事実関係の理解につながります。さらにその後，児童相談所への一時保護の打診を検討するような場面が出てきたときにも，経過が伝わりやすくなります。子どもの受傷箇所が頭部に連続してある場合などは，より危険性が高いものとして，児童相談所との情報共有を検討するなどの判断も必要です。

子どもの話を聞く

　「子どもに聞いても受傷状況がうまく説明できない」とありますが，それでも，その後複数回同じようにアザを作ってきた場合には，そのたびに子どもに「どうしたの？」と声をかけてあげる必要があると思います。

　「うまく説明できないから客観的事実がとれないので，聞く必要がない」，ということではなく，うまく説明できなくても，「どうしたの？　痛かったね」と声をかけてもらえる存在がいるということを，子どもが感じること自体が，子どもにとって重要で大切なことだと思われます。

面接で保護者の困り感や思いを聞く

　何度かのアザが続いたとき，子ども家庭相談の職員が保護者との面接を行う際に，保護者の精神状況や家庭状況の情報を収集しておくことが重要です。

　保護者との面接では，きょうだいゲンカの多い育児をしている苦労について共感し，労います。また，きょうだいゲンカが始まるとどのような気持ちになるか聞いてみることで，保護者の思いに触れることができるかもしれません。

　また，アザがきょうだいゲンカで原因で起こったことだとしても，事象

が続く状況について心配であることを伝え，「どうしたら改善できそうか，一緒に改善するためにできることを考えたい」と伝えます。

　保護者と話をする場所として，家庭訪問もしくは子どもの所属する保育所が考えられます。

　保育所であれば，担任にも入ってもらうことで，園では子ども同士のケンカをどう防いでいるかを聞くことができたり，家庭で実行できそうな助言が得られる可能性があります。

　家庭訪問では，家庭内の状況を実際に見ることができるため，保護者からケンカの状況を聞く際にイメージが持ちやすく，改善するために何ができるか，環境も考慮しながら検討することができます。

　どちらにも利点があるため，ケースに応じて対応を検討するとよいでしょう。

　いずれにせよ保護者との面接の際には，子ども家庭相談の職員と話をするということで，保護者も「虐待を疑われているのではないか」と不安に思っている可能性に留意します。そして，事実関係を抑えるためだけの面接にならないように，気を配る必要があります。

　保護者が子どもに対してどのように感じているか，日々の子育てをどう体験されているかについて，知ることができるような面接になると，今後の保護者との関係が取りやすくなるでしょう。

　もし，保護者の説明が受傷状況と一致しない場合，身体的虐待の可能性も考えられます。そのような場合は，要保護（要支援）児童台帳登録をし，児童の所属機関にてモニタリングできるよう検討する必要があります。

　また，アザが見つかった時だけ保護者に対応するということでは，保護者と良好な関係は築けません。可能なら定期的な家庭訪問や面接を行い，家庭状況が見えてくるよう，保護者が困り感について話せるように支援者として努めることも重要です。

面接のアイディア

・きょうだいゲンカの状況について聞くときは，「1日のどのタイミングで起こりやすいですか？」，「どんなことでケンカになりますか？」，「ケンカになったとき，お母さん／お父さんはどのように対応されているので

すか?」などと質問することで，ケンカの状況がイメージできるようにします。

・きょうだいゲンカによってアザができる状況が続いていることは，改善すべき状況であるということを保護者に理解してもらうために，「お子さんも痛くて辛い思いが繰り返されることになってしまっていることは心配ですよね」，「きょうだいゲンカで叩いたりすることが頻繁だと，保育所でお友達にも手が出てしまうことにもつながってしまうかもしれません」と伝え，保護者に問題意識を持ってもらえるようにします。

・保護者のほうから，「○○しようと思う」など改善に向けて何か行動をする話が出てきたら，「いい方法ですね，また改めて，その後どうなったか教えてほしいので……」などと伝え，次回の訪問の糸口を作ります。

事例**7**　子どもの姿が全く確認できない 「G：関係機関連携の困難さ」「イ：状況の 把握困難」

　学齢児がほとんど登校できず，保護者も協力的でないため，連絡がつきにくい家庭。学校が訪問しても保護者にも子どもにも会うことができない。身体的虐待やネグレクト等の確実な虐待にあたる事象はみられないが，学校としては家庭の実態がつかめないため心配し，家庭に会う手立てもないため，子ども家庭相談に対応してほしいと依頼や通告があった。

・・・・・・・・・・・・・・・・・・・・・・・・・・・・・・・・・・・・・・・

●視点
・子どもに対する親の態度が児童虐待にあたるのかの判断と，一定期間子どもの姿を確認できないリスクへの判断を行う。
・状況の長期化は，ネグレクトや子どもの問題行動の発展につながっていくおそれがある。
・通告対応としての虐待状況の確認に加えて，登校指導や保護者を含めた家族の支援をしていく。

・・・・・・・・・・・・・・・・・・・・・・・・・・・・・・・・・・・・・・・

●対応のヒント
家庭と支援機関をつなぐ
　保護者の子どもへの関わりに児童虐待にあたる事象が確認できない場合であっても，明らかな拒否がある，（住所の場所に住んでいるのかがわからないなどで）保護者にも子どもに会えずに家庭の状況が把握できない，といった場合であれば，子ども家庭相談として，状況の調査や子どもの姿を確認するために対応することができます。
　登校させることが目的ではなく，家庭を支援機関（学校や子ども家庭相談など）とつなげることを目標にします。支援機関が家庭や子どもの様子を確認できるようになると，安心材料が増えます。

そのため状況の調査については,「不登校になった期間や経緯」,「保護者の就労状況」,「障がいの有無や障がいサービスの利用」,「医療機関・相談機関の利用」,「地域の児童委員・民生委員との面識」などの確認を行います。これによってその家庭が,学校以外でつながれる機関があるかを確認でき,孤立状況を予測することができます。

家庭訪問のアイデア

地域の中で「子どもの姿を長期間見ることができない」のであれば,安全確認のための家庭訪問を実施することを検討します。

家庭訪問は家族と学校の関係によって,子ども家庭相談のみで訪問するのか,学校と同行するのかを判断します。

たとえば家族が学校などからの連絡に応じない場合であれば,子ども家庭相談が単独で家庭訪問等を行ったほうが,会いやすく事情も聞き取りやすいでしょう。

この場合,学校に対する不安・不満の言葉が出てくることがあっても,無理に修正や指導をするのではなく,「学校以外でつながれる場所がありますか?」,「長い間,子どもの姿が見えないと心配なのでご様子だけでも見せてほしい」,「ときどき,保護者だけでも学校(支援機関)と話をしてほしい」といったことを伝え,過度な侵襲感を与えないように配慮しながら,関係機関とつながっていくことができるかを確認していきます。

保護者や子どもには,学校から連絡があった旨を伝えることができるとよいのですが,学校側が通告者として明かすことを望まない場合は,「子どもの姿が見えず登校している様子がない,という連絡があり,同時に学校にも登校状況を確認している」と,こちらが学校に連絡をとっているという形で保護者へ伝えます。

子どもや保護者に「学校と連携をとっている」と伝えることについて,学校の了解を得ておくことで,その後の対応がスムーズになることもあります。学校側としても,「市から連絡があったので,学校へ来ていない状況は伝えたが,学校も心配して連絡をした」,「学校からは,お母さん(お父さん)が心配されていることを伝えることができるので,これからの連絡に応じてもらいたい」として,学校が子どもや保護者を支援する立場で

つながるきっかけになる場合もあります。

　訪問時に会えなかった場合は，不在メモ等を残し，「子どもさんのこと
で学校から連絡があり，子どもさんに会えないことを先生も私たちも大変
心配している」，「保護者が悩んでおられないか心配している」，「子ども家
庭相談では，子どもの友達関係や学校生活，日常での行動面などの相談も
受けている」等の旨を記載し，連絡を促して面会できる足掛かりを作るこ
とが大切です（そのほかの会えない場合のアプローチ例は，事例1参照）。

関係機関での情報共有

　安否確認の可否にかかわらず，不登校状態にある子どもや家庭の背景に
ついては，さらに情報収集と，アセスメントを行います。

　同じ状況が継続する恐れがあることや，家庭とつながっている支援機関
がないようであれば，要支援（要保護）児童台帳登録を検討します。

　一度は保護者や子どもに会えたとしても，保護者の考え方や対応，子ど
もの行動が変化することには時間を要するものです。長期化することに
よって家庭への介入が当初よりさらに困難になる場合もあります。家庭自
体の健康度が低いため，ネグレクト状況に陥っていても気づかれない可能
性があります。

　そうした場合も，要支援児童として情報共有をすることによって，家庭
の状況を把握でき，家庭訪問や必要なサービスを調整するといった対応が
取りやすくなるでしょう。

　また，家庭を支援できる関係機関の協力を得ることも重要です。他の関
係機関も含めて，個別ケース検討会議で，支援と見守りの方針について協
議しましょう。

　「子どもや保護者に会えたため問題がなくなった」ということではなく，
子どもや保護者，家庭全体のアセスメントが重要であり，その後の家庭と
のつながり方を検討していく必要があります。

学校との連携の仕方

　一方で学校への対応として，同様の状況が続いた場合に，どのような条
件で通告とするのかの基準を決めておくと，今後の連携がスムーズになる

でしょう。たとえば、「2週間以上、登校もなく家庭訪問等にも応じずに子どもの状況がつかめない」、「きょうだいや親せき等の第三者からの情報を得られない」といったことを基準にすると、学校も判断しやすいと思われます。

　場合によっては、この条件を家庭側にも伝えておくと、保護者としても学校と連携を取る時期を決めやすくなります。

　これまでに子どもや家族が、学校に対してとてもつらい思いを経験していたり、保護者自身が過去に経験していたりして、学校に対して否定的もしくは拒否的な感情を持っている場合があります。その場合はその気持ちや感情を丁寧に聴いた上で、子どもに対する考えやこれからの希望について話し合い、何ができるかを考えていく姿勢を示します。

　今回のコロナ禍で家庭の状況をつかむことはさらに難しくなりました。この後に掲載しているコラム「コロナと虐待対応」もご参照ください。

■　■　■　■　■

コラム④

コロナと虐待対応
——コロナ禍での子どもの安全確認と在宅生活での安心への支援——

　「新型コロナウイルス感染症」は，2020年当初は治療や予防方法がわからない未知のウイルスでした。そのため感染者が全国的に増加するようになった4月に入ると，全国の学校や幼稚園・保育所は休校・休園となり，第1回目の緊急事態宣言が出たことから在宅生活が続くこととなり，子どもや家庭の状況は大きく変わりました。

　未知のウイルスによる感染症発生状況は，災害とは言えないまでも，要保護児童対策地域協議会（以下要対協）が発足して以降，誰もが経験したことのない「危機的な状況」でした。要対協や子ども家庭相談室等の子ども虐待の支援や防止に取り組んでいる部署は，試行錯誤しながら支援や予防についてのさまざまな取り組みを行ってきました。

　ここでは，いくつかの市町村の要対協や子ども家庭相談室等の子ども虐待の防止に取り組んでいる部署が，感染症が日本で発生し始め，学校・幼稚園の休校・園や外出自粛が始まった時期に取り組んでいた活動の一部を紹介したいと思います。

子どもの安全確認

　国からは「新型インフルエンザ等対策特別措置法に基づく緊急事態宣言等を踏まえた支援児童等への対応について」（令和2年4月10日付）で，子どもへの安全確認についての通知があり，続いて「子どもの見守り強化アクションプラン」（令和2年4月27日付）の通知がありました。

　「子どもの見守り強化アクションプラン」（以下アクションプラン）とは，支援ニーズの高い子ども等を早期に発見し，定期

的に見守る体制の確保です。対象を支援対象児童や特定妊婦とし，民間団体等を含む地域のネットワークも総動員して行うものです。

　「新型インフル……対応について」の通知を受けて，ある市町村では要保護児童の中で重症度の高い家庭に対して，現認による安全確認を開始していました。状況把握からアセスメントを行って，結果，家庭や子どもに心配な状況が起こっている，もしくは全く状況がわからなくなっている場合，援助方針を立て，子どもの現認と支援ができるよう努めていました。

　その後のアクションプランを受けて，全ケースについて点検を行いました。それぞれの子どもの所属となる学校・幼稚園・保育所や，母子保健担当，児童相談所等の子どもや保護者に関わる機関が，アクションプランの目標が達成できるよう一丸となって努力した結果，危機的状況を乗り切るための一歩をスタートさせることができたと聞いています。

在宅生活支援

　子どもの安全確認に続いては，在宅生活での子どもと保護者の安全・安心のための支援が開始されました。

　学校・幼稚園の休校・園や外出自粛による子どもたちの生活環境の変化や，コロナ禍で子育てをしている保護者の不安やストレスに対しては，まず保護者が相談できる場所や知識などを情報提供することが必要と考え，子どもと家庭に関する相談窓口を設置し，ホームページに子どもと保護者が相談できる窓口一覧を作成しました。また，コロナ禍における子どもへの関わり方のヒントや，子どもの感染症予防等の情報サイトのリンクを載せる等，在宅生活で安心して過ごすための活動を行っていた市町村もありました。

　経済的に困窮している家庭には，子ども食堂が行っていた活動が有効でした。状況を把握した部署から，希望する家庭には弁当を配布できることを伝えてもらい，これから支援を担当す

ることになる職員が自宅に届けました。「食を届けること」は会って自然に話ができることにつながり，なかなか関係構築が難しい家庭に対して，これまでとは異なる関係性ができたということがありました。

また，ある市町村の子ども家庭相談は，在宅の乳幼児家庭や妊婦に対しての支援を考えており，他部署が子育て応援商品券の配布を決めたことから，母子保健部門と連携し「親と子どもの相談窓口のチラシや，コロナ禍での子育てのパンフレット」を作成して，商品券に同封できないかと主管課へ依頼しました。

外出活動が制限され，家庭の閉鎖された空間で過ごす時間が多くなることから，新たな子ども虐待やDVが起こることが予想されました。そのため，早い時期からの周知啓発が必要であると考え，体罰禁止について書かれているポスター掲示やHPへの掲載を行うところや，新たにDV家庭が増えていないか，管理している家庭の状況が悪化していないか等，DV防止主管課と情報交換を行い連携強化に努めた市町村もありました。

まとめ

「コロナと子ども虐待対応」については，関係機関を総動員し，まずは子どもの安全確認ができるだけ素早く行われました。続いて，在宅生活が長引く中で，保護者や子どもが相談できる窓口の周知活動や，関係機関と連携し今使えるリソースを活用しながら，人と人がつながり不安を安心に変えていくための支援が行われました。今後，自然災害も含め，社会全体での危機的な状況が起こる可能性を，常に考えておく必要があります。今回得た貴重な経験を，それぞれの市町村が引き継ぎ，必要な時に活用できるようにしておくことが，市町村での子ども虐待対応としてできることの１つなのかもしれません。

■　■　■　■　■

事例 **8** 疾病による養育困難状況慢性化から生じる機関間の不調和
「ア：機関間の共通理解が困難」「カ：慢性化・常態化」

　精神疾患のある保護者で，家事能力など衛生面や金銭管理に課題があるため，子どもの養育能力にも問題が生じている。しかし，一時保護に至るほどのネグレクト状況ではない。

　定期的な家庭訪問などで養育状況が低下していないか確認し，適宜指導しているものの，家庭状況に改善はみられないため，関係機関に認識の違いがある。

・・・

●視点
・子どもの成長，発達のアセスメントを行い，子どもの状況について確認をする。
・保護者の精神疾患について医療情報の調査（通院先，投薬，福祉サービス利用状況等）を行い，関係機関が持っている情報を収集する。
・関係機関での見守り体制を整え，家庭状況の変化にいち早く気づけるようにする。

・・・

●対応方法
アセスメントの見直し
　支援に行き詰まりを感じた時には，子どもの成長や発達に，保護者の精神疾患がどのような影響を及ぼしているかについて，再度リスクアセスメントする必要があります。

　保護者の精神疾患について理解したうえで支援を検討していく必要があります。たとえば，うつ病などを抱えている場合，やる気が起こらず，家事ができないことがあります。保護者としても，うまく養育ができていな

いことを不本意に思いながらも，どうしようもない状況と捉えているかも
しれません。また，うつ病には「波」があり，本人自身もコントロールが
難しいこともあります。

　そのような場合，いくら保護者に，子育ての至らない点について指導し
たとしても，養育状況の改善につながらない可能性が高いと考えられます。
そのため，保護者の精神疾患について関係機関で共通の認識をもつことが
支援のスタートになると考えられますが，改善しない状況が長期化すると，
関係機関の共通認識にズレが生じてくる恐れがあるため，最新のアセスメ
ントを共有することを心がけます。

関係機関の連携

　ケース会議を実施し，その場で精神疾患についての理解を進めていきま
す。また，精神保健福祉士や，保護者が医療受診しているのであれば，医
療ソーシャルワーカー，そのほかこの世帯に関わっている関係機関の出席
を検討することで，疾病についての理解がより深まるかもしれません。

　特に，障がいの家事ヘルパー（料理や掃除）や訪問看護の導入による
「生活の質の向上」，計画相談員を活用することによる「身近な第3の支援
者を設けること」は，新たな相談先ができることに加え，見守りの目も増
えることになり，効果的です。こうした可能性を探る価値は大きいと思わ
れます。

　また，「保護者の精神疾患の状態がどうであるか」という視点は，①子
どもの要求や欲求に保護者がどの程度対応できるのかを推測することにつ
ながるための，また，②子どもがどこかで情緒的な交流が持てているか，
持てていないのであればどこで担えるかを検討するための，重要な視点に
なります。

　さらに，関係機関が集まる場では，各機関が担える点について話し合い，
それぞれの機関が役割を持てるようにすることも重要です。

短期的な目標と長期的な目標

　また，短期的な目標と長期的な目標を持つことも重要です。

　短期的には，現状を悪化させず，家庭の状況に応じてなんとか養育が維

持できていることを目標にしてみましょう。そしてそれが支援の結果であることを，関係機関で共有しておきましょう。そのことが，不全感を防ぐことにつながります。

　長期化することが想定される場合には，関係機関で連携し，支援体制を整え，見守りのローテーションを組むことで家庭の継続的な見守りを実施しましょう。また，経過を正確に記録しておくことで，見逃されやすい，良い変化や良い関わりの気づきにつながります。

　子どもが身の回りのことを自分自身でできる年齢に達している場合は，養護教諭にも協力を得ながら，洗濯機の使い方などを教えていくことも状況の改善につながると思います。

　子どもの成長段階のどこかでは，保護者の精神疾患について理解を促していく必要が生じることもあるでしょう。そのような場合には，子どもにも理解しやすい絵本などを用いるのも良いと思います。

　可能であれば子どもの思いを話せる場を考えて，学校の中でのスクールカウンセラーやスクールソーシャルワーカー，養護教諭，また子ども家庭相談の職員などにつなげていくことも検討していきます。

■　■　■　■　■
コラム⑤
ヤングケアラーについて

　ヤングケアラーとは，法令上の定義はありませんが，障がいや病気のある家族に代わり家事を行ったり，精神疾患やがん等の慢性的な病気の看護をしたり，幼いきょうだいや障がいのあるきょうだいの世話をしている子どもたちとされています。

　厚生労働省では，「本来大人が担うと想定されている家事や家族の世話などを，日常的に行っている子ども」と定義しています。

　子どもが，年齢等に見合わない重い責任や負担を負うことで，本当なら享受できたはずの「子どもとしての時間」を使って家事や家族の世話をしていることがあるとして，「子どもが子どもでいられる街に」と啓発を行っています。

　2016 年から大阪府等で調査に取り組んでいる大阪歯科大学医療保健学部の濱島淑惠教授は，ヤングケアラーが抱える問題・困りごととして，遅刻や欠席，宿題忘れなどの「学校生活への影響」，精神的・身体的健康への影響，友人関係への影響などをあげています。

　また，家族のケアを担うことは悪いことではなく，そこから得られるもの多いとしながらも，ケアを担うことでさまざまな負担，困難を抱え，それが生涯にわたって重大な影響を及ぼすことがある，子どもの人権に関わる事柄であると，警鐘を鳴らしています。

　そして，子どもに関わる立場として，子どもがケアを行うことの価値としんどさの両面を理解しつつ親や家族のしんどさも理解する「正しい理解」をすること，そしてヤングケアラーに気づく力を養うことが大切と述べています。

　また，ケアの負担軽減や，本人の生活，人生の支援，そして寄り添う支援といった支援が必要だということです。

　「市町村子ども家庭支援指針」にも「市町村に求められる『子どもの最大の利益の尊重と子どもの安全の確保の徹底』」とあります。教育など関係機関と連携し，支援のネットワークを広げ，また周知啓発を進めることや，必要に応じて要保護児童対策地域協議会の活用を行うなどして，子どもと家庭に支援を届ける必要があります。

ヤングケアラーについての資料
厚生労働省HP．ヤングケアラーについて．https://www.mhlw.go.jp/stf/young-carer.html
厚生労働省HP．子どもが子どもでいられる街に．https://www.mhlw.go.jp/young-carer/

■　■　■　■　■

事例 ❾ 「保護者が子どもを会わせない」という学校
からの通告
「ア：機関間の共通理解が困難」

　学内でのいじめをきっかけに不登校になった児童。学級担任が家庭訪問を実施し，子どもに会おうとするが，保護者は「子どもが不安定になるかもしれない」と心配し，一度も会えない状況が続いている。そのため，学校としては姿が確認できない児童でありネグレクト家庭として，子ども家庭相談の担当部署に通告という対応をとった。

・・・

●視点
・不登校になった背景や家庭の状況，子どもの気持ちなどを把握する。
・子どもの安全確認を行って終えるのではなく，子どもや保護者も困っている可能性を踏まえ，相談支援につなげる。
・学校への対応，報告をどのように行うか検討し，場合によっては家庭との間を取り持つコンサルテーションを行う。

・・・

●対応方法
アセスメントのための聞き取り

　学校が通告してきた場合でも，子ども家庭相談として，このケースが虐待通告にあたるかどうかのアセスメントをする必要があります。

　その際に，学校がネグレクトとして通告せざるを得なかったほど，対応に苦慮されていることが考えられます。こうした判断になった経緯について丁寧に聴き取りをし，学校の対応について労いを伝えることもよいことでしょう。

　また，いじめがあったということであれば，①それはいつからのことだったのか経過を尋ねたり，②子どもが登校していたときの様子や家庭環境，保護者の人柄など，把握されていることについて情報収集したり，③

保護者が「子どもが不安定になる」と言って子どもと会えない状況について，保護者はどういった点で子どもが不安定になると話しているのかなど，学校の考えも聞きながら，アセスメントをしていきます。

このように学校から得られる情報をもとにアセスメントを行い，通告として受理するか否かの判断をします。

関係機関との情報共有

また場合によっては，虐待でない可能性が高くても通告として受理し，広範囲の調査をすることが，子どもの過去の所属先から話が聞けたりと，視点を広げることにつながることがあります。要保護児童対策地域協議会の対象児童とすることで，関係機関で情報共有ができますので，会議を実施するなど支援のために要対協の仕組みを活用することも検討しましょう。

さらに日ごろから教育委員会やスクールカウンセラー，スクールソーシャルワーカーとの関係作りをしておくことで，学校の情報が得られる環境となり，アセスメントに役立つこともあります。

スクールカウンセラーとスクールソーシャルワーカーについては，この後に掲載しているコラムもご参照ください。

■　■　■　■　■
コラム⑥
スクールカウンセラー及びスクールソーシャルワーカー

　スクールカウンセラーとスクールソーシャルワーカーは，2017年（平成29年）4月1日に施行された「学校教育法施行規則の一部を改正する省令（平成29年文部科学省第24号）」に新たに職務が規定され，文部科学省初等中等教育局長から「学校教育法施行規則の一部を改正する省令の施行等について」が通知されています。

スクールカウンセラー
　スクールカウンセラーの職務内容としては，「心理に関する高度な専門的知見を有する者として，不登校，いじめや暴力行為等の問題行動，子供の貧困，児童虐待等の未然防止，早期発見，支援・対応等のため，これらを学校として認知した場合や災害等が発生した場合等において，児童生徒，保護者，教職員に対して，カウンセリング，情報収集・見立て（アセスメント），助言・援助（コンサルテーション）等に従事すること」とされています。
　具体的な職務は以下の通りです。
（不登校，いじめ等の未然防止，早期発見，支援・対応等）
・児童生徒及び保護者に対する相談対応
・学級や学校集団に対する援助
・教職員や組織に対する助言・援助（コンサルテーション）
・児童生徒への心の教育，児童生徒及び保護者に対する啓発活動
（不登校，いじめ等を認知した場合又はその疑いが生じた場合，災害等が発生した際の援助）
・児童生徒への援助
・保護者への助言・援助（コンサルテーション）

・教職員や組織に対する助言・援助（コンサルテーション）
・事案に対する学校内連携・支援チーム体制の構築・支援

スクールソーシャルワーカー

　スクールソーシャルワーカーの職務内容として，「ソーシャルワークの価値・知識・技術を基盤とする福祉の専門性を有する者として，不登校，いじめや暴力行為等問題行動，子供の貧困，児童虐待等の課題を抱える児童生徒の就学支援，健全育成，自己実現を図るため，児童生徒のニーズを把握し，関係機関との連携を通じた支援を展開するとともに，保護者への支援，学校への働き掛け及び自治体の体制整備への働き掛けに従事すること」とされています。

　具体的な職務は以下の通りです。

（不登校，いじめ等の未然防止，早期発見，支援・対応等）
・地方自治体アセスメントと教育委員会への働き掛け
・学校アセスメントと学校への働き掛け
・児童生徒及び保護者からの相談対応
・地域アセスメントと関係機関・地域への働き掛け

（不登校，いじめ等を認知した場合又はその疑いが生じた場合，災害等が発生した際の援助）
・児童生徒及び保護者との面談及びアセスメント
・事案に対する学校内連携・支援チーム体制の構築・支援
・自治体における体制づくりへの働き掛け

■　■　■　■　■

事例 **10** 保健センターからの安否確認ができない 乳幼児の通告 「イ：状況の把握が困難」

　乳幼児健診が未受診であったため，その後保健師が連絡や訪問を行うが，全く会えず，子どもの安否確認ができないため，保健センターから子ども家庭相談へ通告が入った。

●●●

●視点
・母子保健担当とのアセスメントの共有し，必要な対応や支援についての役割分担を行う。
・乳幼児の場合，虐待リスクが高いため，早急な安全確認に努める。

●●●

●対応のヒント
母子保健担当との連携
　乳幼児健診未受診児童として，母子保健担当に，どの程度まで情報があるか，また，どのようにリスクアセスメントを行っているかを確認します。そのうえで，子どもの出生記録，乳幼児健診受診状況，予防接種歴，家庭訪問歴，きょうだい情報，家庭状況等の調査を進め，かかりつけ医療機関や，きょうだいも含めた所属機関，子育て支援センター事業等の利用状況，民生委員児童委員など，関係機関や地域等へ，調査を広げていきます。

　調査と並行し，子どもの安全確認のため，母子保健担当と協力して家庭訪問を行います。時間帯を変えての訪問や，不在票のポスティングを行ってもなお確認できない場合は，児童相談所に相談のうえ，事案送致も検討します。

　乳幼児の場合，特に在宅児童では，母子保健担当による支援継続が必要であることが考えられるため，役割分担について十分協議して対応します。

そのほかの注意点

　また調査の際には，保護者についての情報も集め，乳幼児健診の未受診や，訪問等を拒否する背景について，これまでの対応経過があれば把握しておき，支援に入る際の手がかりや留意点について，保健センター等の関係機関と共有しておきましょう。他機関との共有については，次に掲載しているコラムもご参照ください。

■　■　■　■　■

コラム⑦

乳幼児健診未受診児童への対応のフロー

　大阪府では「大阪府市町村児童家庭相談援助指針」において，乳幼児健診未受診児童への対応について，ガイドライン（次ページ参照）を作成しています。各市町村の母子保健担当部署の対応フローを，要保護児童対策地域協議会で共有することは大切です。

　乳幼児については，年齢的に虐待のリスクが高く，保育所等に所属していないことも多いため，地域における見守り体制が重要となります。要保護児童対策地域協議会（以下，要対協）に，民生委員児童委員や主任児童委員が参画している市町村も多いと思いますので，要対協を活用し，見守り体制に加わっていただくのもひとつの方法です。個人情報の取り扱いには注意が必要ですが，会議や研修の場，個々のケースへの関わりなどを通じ，日ごろから良好な関係性を結べるように努め，情報共有の範囲や役割分担について協議しておくとよいでしょう。

　子育て支援センターや保健センターなど，地域の民生委員児童委員・主任児童委員とのつながりがある機関を通じて，見守りや支援体制を築くことが大切です。子ども家庭相談だけでなく，さまざまな機関や資源を活用して見守ることが大切なのです。

（本コラム，次ページに続く）

86

（前ページよりコラム続く）

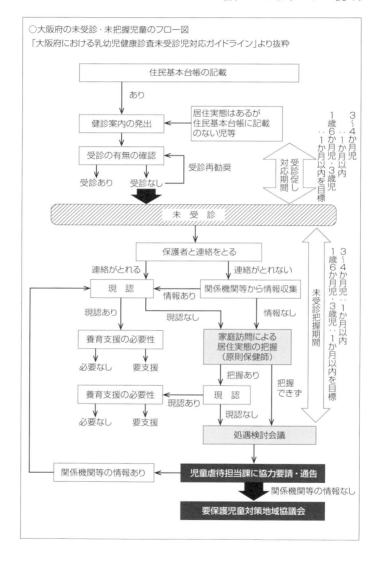

○大阪府の未受診・未把握児童のフロー図
「大阪府における乳幼児健康診査未受診児対応ガイドライン」より抜粋

事例 **11** 仕事のため子どもを夜間放置してしまうひとり親家庭「F：システムが整っていないために生じる困難さ」

　母子家庭だが，母が深夜まで働いており，幼児と小学生の子どもたちだけで過ごしている。母に夜間放置について話をするも，夜間の仕事を辞めると生活ができなくなると話す。生活保護の受給は拒否している。

・・・・・・・・・・・・・・・・・・・・・・・・・・・・・・・・・・・・

●視点

・夜間放置が子どもにとって安全・安心な状況でなく，危険であるという認識を持ってもらう。

・ひとり親家庭かつ経済困窮家庭への支援の情報提供を行えるよう，情報を収集し，保護者にニーズがあれば担当窓口につなぐ。

・・・・・・・・・・・・・・・・・・・・・・・・・・・・・・・・・・・・

●対応のヒント

最初は労う姿勢で

　まずは，母にとって頼れる資源が少ない中，ひとりで仕事と子育てをしている状況を支援者側が労えるとよいでしょう。母自身が同じようなネグレクトの環境で育った可能性もあります。

　しかし，子どもだけで放置されることはネグレクトにあたり，事故などの危険性や子どもの情緒面での悪影響を及ぼす可能性があります。母が子どもを放置せずに安定した生活を送れるようになるために，どのように生活を変えていけるかを，一緒に考えていく必要があります。

危険性や一時保護の可能性を伝える

　母に生活状況を確認するために，母のいる時間に家庭訪問します。子どもを置いてでも仕事をしなければならない状況や，そうせざるえない思い

に耳を傾け，苦労を労うことから関係をつくることが大切です。

　一方で，放置による安全面の問題（事故の危険性など）や，子どもの情緒面の問題（育ちへの影響など）についての理解を促すために，どのようなことが起こりえるか具体的に説明します。

　放置は母の事情にかかわらず虐待にあたること，子どもたちだけでいるときに，たとえば地震などの天災が起こったり，子どもたちだけで過ごしている間に怪我や火事などが起こったりする危険性があり，子どもが児童相談所に一時保護される可能性もあることを伝えます。

　しかし一時保護の可能性を伝えるのは，あくまで母に見通しを持ってもらうためです。「そうならないためにどうしていったらよいかを一緒に考えていきたい」という姿勢が大切です。安全管理について，母がどう考えているかの確認を兼ねて，「お母さんがいない時に子どもが高熱が出たら？」，「何かあったら連絡がとれるようになっているの？」，「誰だったら頼れそう？」などと，あくまで問い詰めるためではなく，危険な状況だと想像してもらうために聞くことが大切です。その点について，次に連絡（もしくは訪問）するときまでにどうすることにしたのか教えてもらいたいと伝えておくと，継続した関わりにもつながるでしょう。

その他のヒント

　放置状況を防ぐための方法としてトワイライトステイやショートステイなどのサービスについて情報提供をすることも大切です。ただし，母自身の意向や利用条件が合わない等の理由ですぐには使わないとしても，繰り返し伝え続けていくことで，半年，1年と関わっていく間に受け入れられる場合もあります。長期的な視点を持って関わり続けることが大切です。

　また母が生活保護の利用を拒否している背景を聞いたうえで，生活を安定させるため，ひとり親家庭の支援，就労支援等の社会資源の利用につなげていくこともよいでしょう。

　もし母に交際相手等の男性がおり，子どもと長時間関わる可能性があるなら，一度男性と会って母との関係性や子どもへの関わりに虐待のリスクはないかを確認します。子育てや母に協力的な面が明確であれば，家族の支援者として参加してもらうことも検討します。

■　■　■　■　■
コラム⑧
海外の虐待の基準

　日本の場合，欧米のように子どもを放置した場合の虐待の基準や，子どもの年齢での区切りなどが，はっきりと決まっていないという制度上の問題があります。

　ここでは参考のため，アメリカとイギリスの例を紹介します。

アメリカ

　子どもを留守番させる際に考慮すべき指標があります（FindLaw という法律・判決のデータベースサイトのまとめによる）。

　7歳以下：時間の長さにかかわらず1人にすべきでない年齢。車の中，公園，裏庭であっても同じ。

　8歳から10歳：1時間半以上は留守番させるべきでない。時間帯は日中または夕方の早い時間に限られる。

　11歳から12歳：3時間までなら留守番させることも可能な年齢。ただし，夜遅い時間や子どもが対処しえない事態の起こる可能性がある環境は避けるべき。

　13歳から15歳：保護者なしで家で過ごすことが可能。ただし，一晩中でないこと。

　16歳から17歳：場合によって2日間連続，保護者なしで家で過ごすことが可能。

イギリス

　子どもに留守番をさせてよい年齢を定めた法律はありませんが，子どもが危険な目に遭う可能性のある場所に一人きりにすることは違法です。家や車に子どもを残す場合は危険が及ぶかどうか親が判断する必要があります。イギリス政府のホームページで紹介されている親の判断基準として，NSPCC（National

Society for the Prevention of Cruelty to Children）という児童福祉事業団体による子どもの留守番についてアドバイスがあります。

「赤ん坊，幼児や小さな子どもは決して一人きりにしてはいけない。／12歳未満の子どもは，緊急事態に対応できるほど十分に成熟していない。長時間1人で家に残すべきでない。／16歳未満の子どもを夜通し1人きりにすべきではない。／親や保護者は子どもを家に残すことによって危険にさらしたと判断された場合，ネグレクト（育児放棄）の罪で起訴される可能性がある。年齢に関係なく，子どもが家に残されることに不安を感じている場合は留守番させてはならない。子どもが（障がいや病気などで）なんらかのサポートを必要とする場合，留守番させる際にはこれらの要素についてしっかりと考慮すべきである。」

そのほか

夜間放置はしないようにと指導するだけではなく，放置しないで済む代替のサービスを提案することも必要です。しかし，日本にはそうしたサービスがほとんどない点が課題といえます。

欧米では，代替のサービスがあるからこそ法律上の規定ができています。日本においても各自治体が保証できるサービスを増やしていく努力と，それと並行して法律等による規定をつくることが必要でしょう。

■　■　■　■　■

事例 **12**　親に強いこだわりがあり子どもに偏った 食事しか与えない 「エ：支援の拒否」

　父母ともに強いこだわりがあり，幼児期の子どもに偏った食事しか与えない。子どもへの影響について指導するも一切聞き入れず，保健センターや子ども家庭相談の担当部署の家庭訪問も拒否する。

・・・・・・・・・・・・・・・・・・・・・・・・・・・・・・・・・・・・・・・

●視点

・家庭の背景として，さまざまな文化や多様な考え方があることを理解する。
・子どもの発育・発達への影響など，客観的な評価とアセスメントが必要である。
・医療機関との情報共有と連携ができるよう努める。

・・・・・・・・・・・・・・・・・・・・・・・・・・・・・・・・・・・・・・・

●対応のヒント

まずは保護者をみとめる姿勢

　強いこだわりには，保護者なりの考え方があるものです。まずは保護者の話を丁寧に聞き取ります。

　そのうえで保護者がこれまで子どもの成長や発達を促し，子育てをしてきた部分については，しっかりと受け止め，認めることも大事です。

　そして偏った食事の内容や，保護者のこだわりの背景を理解し，改善策や支援の方法を探りましょう。

　まず子どもの発育や発達などへの影響や，父母のこだわりが何からくるのかといった，リスクアセスメントや家族状況の把握が必要となります。

具体的な対応方法

　子どもの発育・発達・情緒面に問題が見られない場合は，母子保健の範

囲で，保護者への保健指導，情報提供を行いつつ，適宜アセスメントを依頼して見守ること，要支援児童として関係機関で情報共有することなどが対応方法として考えられます。

　しかし，乳幼児の身長や体重が減少する，もしくは停滞するなどの場合は，何らかの疾病的な要因か養育の問題があると考えられます。医療機関への受診を勧め，医療機関に情報提供するとともに，検査入院や治療の必要性について主治医に判断を依頼します。

　医療機関へは，虐待のリスクがあることについて共通理解を図るとともに，養育上の問題が明らかで一時保護も想定される場合には，児童相談所に相談し，対応方法について慎重に協議します。

　子どもの成長発達に影響がある場合，緊急対応も想定されます。日ごろからの医療機関との児童虐待対応について連携できる関係や体制づくりが重要です。

　また，子どもの状態を客観的に評価するために，身長，体重，頭囲，胸囲など計測値の記録や，乳幼児の身体発育曲線などを用いた発育の経過，発達検査の所見等を残し，時系列で評価していくことも重要です。

健全な成長発達の視点

　なお，発育の停滞，発達の遅れなどが顕著でない場合，児童虐待としての対応は難しいですが，長期的にみた子どもの健全育成の視点では，保健師等による保護者への保健指導，正しい知識や情報の普及啓発など，母子保健での予防的な取り組みも重要です。

　また，こうした事例の場合，保護者が孤立した育児を行っているケースも少なくありません。就園等によって子どもが集団を経験する場や適切な保育環境を確保するなど，健全な成長発達を促す環境づくりにも留意する必要があります。

事例 **13** 親の養育能力が低くネグレクトが長く続いてしまっている「力：慢性化・常態化」

　保護者の養育能力が低く，ネグレクトの状況が続いている。自分の好きな話はするが，話が深まらず，状況は改善しないまま，関係機関のみが頑張っている状態。

● ●

●視点

・保護者の養育能力の把握を行い，具体的な支援の提案を目指す。
・親子関係のアセスメントを行う。
・子どもがSOSを出せる場所があるか探す。
・保護者に対し，ネグレクトの認識や子どもの影響について理解を促すことと改善策を繰り返し伝えていく。
・相談機関や専門機関だけでなく，地域住民も含めた見守りのネットワークをつくる。

● ●

●対応のヒント

聞き取りの注意点

　たとえば母親の場合，養育能力が低い要因を理解するため，母自身の理解力に注意しつつ，子ども時代のことや就労歴なども聞き取ります。

　そのほか家族関係で協力者はいないのか，父の養育面での支援可能性など，具体的な状況把握を行っていきます。

　あわせて養育の問題について，知的能力の程度をふまえながら，保護者が出来ることや苦手なことを整理します。苦手なことやできないことについては，具体的に母と話し，状況理解を促していきます。

　なお，養育能力の低下が，母の知的能力の低さが要因の場合，自信のなさや理解のない周囲の対応に傷ついてきた可能性も大きいため，できるこ

とを認めて褒めながら，関わり始めます。

　そのうえで，保護者に活用できる社会資源を提案するなど，改善方法を検討し，関係機関との情報共有を続けていくことが大切です。

子どもについての対応

　また，子どもの安全は保てているかどうか，情緒的な交流が持てているか否か，保護者と一緒にいるときの子どもの様子を観察しながら，親子関係のアセスメントを行う必要があります。

　さらに，子どもが「助けて」と言える，あるいはSOSを出せる先があるのか，子どもからのSOSを聞き出せないかにも留意します。SOSがあった場合は児童相談所への一時保護の要請を検討するとよいと思われます。状況の変わらなさについては，一定の期限を決めて対応を協議して決めておくこともひとつです。また，子ども自身がどう感じているのか，子どもの意見や思いを聴く場を作ることも大切です。

見守りの体制づくり

　中長期的な見守りの中では，異変をキャッチできる環境を作っておくことも大事です。母の相談やさまざまな支援サービスの導入，子どもの所属機関による見守りを整えます。

　さらに，担当地区の民生委員児童委員や主任児童委員と顔つなぎをするなど，公的機関や専門機関だけでなく相談できる人が身近にいることを，母や子どもに知らせておくこともひとつの方法です。

対応のアイディア

・保護者の養育能力，特に知的能力のアセスメントのために「何時に起きて，まずなにをしますか」など，一日の生活の流れを聞いてみます。過去の例では，子どもの頃から兄弟の世話をしてきたので，食事を作ることはできるが，排水溝はゴミであふれているなど，よく見るとできない家事があるというケースもありました。

・生活保護を受けているようであれば，医療機関を受診していることが多いので，担当と連携し，主治医訪問への同行を依頼してみます。また，

　就労支援や職業カウンセリングなどから，母の能力の見立てを行います。
成育歴から発達障がいなどの可能性も考えてみます。

・療育手帳の判断基準を参考に，該当可能性があれば検査を勧めてみます。
「なにかの役に立つかも……なにか困っていることはないですか」といっ
た視点で話をしてみます。また，知能検査から知的障がいが明らかに
なった場合は，療育手帳の取得や障害年金の取得を勧めてみることもひ
とつです。この点については，保護者のつまずきに合わせて，寄り添い
ながら提案する姿勢が大切です。

・子どもの年齢によっては，子ども自身の生活能力向上を目指すこともよ
いでしょう。

支援を継続するために

　慢性化している事例については支援のために特に見立てが必要です。こ
れが支援者側にとっての大切な作業になると思われます。

　ほとんどの事例ではさまざまな視点での見立てを行うことで，養育の困
難さの要因など，見えてくるものがあるはずです。

　そのうえで，前述のようなアプローチを参考にしつつ，支援の長期化を
前提としての「短期目標」と「長期目標」という視点で，関係機関と共有
しながら，方針を考えていくことが大切です。

■ ■ ■ ■ ■

コラム⑨
ネグレクト家庭を支援するときの視点

　ネグレクト状態に置かれているケースを支援する際の視点について，安部ら編『ネグレクトされた子どもへの支援』(2016)をもとに紹介します。

　安部によると，「ネグレクトは他の虐待を併発することも多く」，「他の虐待種別と違い，養育者の養育内容の把握が必要であり，単に生命の危険度だけでは重症度や支援の必要性は判断できない」ため，ネグレクト支援に必要なアセスメントを押さえておくことが肝要であるとしています。

　安部はまた，ネグレクト支援におけるアセスメントについて，①「生命の安全」(子どもの生命が安全かどうか)，②「安定した支援関係」(保護者と支援者との支援関係が安定的かどうか)，③「養育力の確認」(子どもの年齢に応じた必要な養育力と，実際の養育者が発揮する養育力との差はどれくらいあるのか)，④「子どもの放置と年齢相応の保護」(放置の背景には何があるのか)，⑤「養育者との情緒的な交流」(養育者の子どもに対する情緒的な交流はどの程度あるか)，⑥「養育者のリスク」(家庭の貧困，世代間連鎖などによる不適切な価値観，援助受け入れ困難など)という6つの視点を取り上げています。

　一番の前提は①「生命の安全」となるのは間違いないところですが，ネグレクトはさまざまな要因が重複して作用するため，①〜⑥のそれぞれの視点から丁寧にアセスメントすることが必要となります。

参考文献
安部計彦，加藤曜子，三上邦彦編 (2016) ネグレクトされた子どもへの支援——理解と対応のハンドブック．明石書店．

■ ■ ■ ■ ■

事例 **14** 父からの母へのDVが続いており子どもへの影響が心配
「ケ：決定打のなさ」

　父からの母へのDVが繰り返されている。母の被害感がないので長く続いてしまっており，児へ与える影響が心配である。

・・・・・・・・・・・・・・・・・・・・・・・・・・・・・・・・・・・

●視点
・面前DVが子どものこころ・からだ・行動に与えている影響をアセスメントする。
・DV構造を理解したうえで支援する。

・・・・・・・・・・・・・・・・・・・・・・・・・・・・・・・・・・・

●対応のヒント
虐待とDVのアセスメント

　まずは，母の語りをしっかり傾聴することからはじめましょう。そして面接の中で，父からの子どもへの虐待の有無を必ず聞き取ります。

　子どもの安全に問題なく，DVの緊急性（安全確保の必要性）も低いのであれば，この段階で大切なことは，母自身に，起こっていることへの気づきを促せるような情報と子どもへの影響についての知識を伝えることです。そして，被害や影響を減らすための方策を一緒に考えます。

　母は，暴力やDVという支配－被支配の構造の中で長らく生活してきたために，被害感をもてていないのかもしれません。そのためまずは，母の話を傾聴し，さらに父からのDV被害状況を確認するときには，何が起こっているのか母自身が客観視し気付きを得られるように，チェックシートなどを活用しながら聞きます。

　母自身の生育史や生活歴（子ども時代に暴力等の虐待を受けた経験はなかったかなどを含め）を丁寧に聞き取るようにします。それは，アセスメントに必要な情報を得るために不可欠であり，母を理解することにも役立

つためです。

　また子どもの生活の様子も母から聞き取り，面前DVによる情緒面の影響をアセスメントします。子どもの面前で起こったDVによる子どもへの影響についても，リーフレット等を用いて母に理解してもらえるよう努めます。

　母主体の立場で支援できる，女性相談部門との役割分担も大切です。女性相談部門での相談を案内・紹介した際には，「相談してみてどうだった？」と相談の結果を母に話してもらうことで，DVについて自ら気づいてもらうことができるとよいでしょう。

　また，命の危険を感じるようなDVがあった時などは迷わず110番するよう，緊急時の対応を伝えることも大切です。

つながりを持ち続ける

　DVの状況から脱出し，母が子どもを守れるようにエンパワメントするには，一度きりの対応で終わらず，つながりを持ち続けることが大切になります。

　その中で，母と支援者がパートナーシップを組みながら，母への被害と子どもへの影響を減らすための方法や緊急時の対応を一緒に考えたり，今まで母が子どもを守るためにしてきたことを思い出してもらい，母の強みとして意識化して母自身の持っている力を高めていくことにつなげていきます。母だけでなく，子どもにも会えるように工夫をすることも意識しましょう。

　母が，DVを受けているという認識を少しずつ持ち始めたのであれば，今後のためにも，DVの被害による傷やあざの写真や記録を残しておき，受診をしたときには医師の診断書を取っておくようにするなどの具体的な助言をしましょう。離婚を考えた場合には，市で行っている無料の法律相談について案内することもよいでしょう。

母をエンパワメントするために

　なお，最初から母に対して父から離れるよう説得することは，危険なことでもあります。父との支配－被支配関係で生活してきた母であるため，

支援者が母を支配する構造に陥りやすいのです。結局構造としては何も変わらず，母自身のエンパワメントにはつながらない危険性があります。

　必要な情報は伝えますが，何よりも母自身の意思決定に寄り添い，尊重する形で支援を続けていくことが大切です。同時に，「私たちはどうしたら安全が維持できるかについて，あなたと一緒に考えていきたい」，「いつもあなたとお子さんのことを気にしています」ということを，メッセージとして伝えます。

父から離れることの難しさ

　しかし，仮に避難したとしても，再度，加害者である父の元に戻ることも十分あり得ます。それほど，DVの支配構造から抜け出すことは容易なことではないのです。避難しては戻るといったことを数回繰り返すこともあります。

　支援者として気落ちしたり虚しさを感じたりすることもあるかもしれませんが，行きつ戻りつする中で母が自分の意志で動けるようになること自体が重要です。

　子どもへの虐待は，直接的な暴力だけではありません。またその影響も，子どもの脳にまで及ぶ深刻なものです。この後に掲載しているコラム「マルトリートメント（マルトリ）と子どもの脳への影響」をご参照ください。

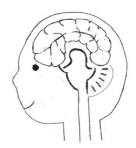

■ ■ ■ ■ ■
コラム⑩
マルトリートメント（マルトリ）と子どもの脳への影響

　「児童虐待（Child Abuse）」は，重大な子どもへの身体的・心理的・性的な暴力行為ですが，それらよりも広い範囲での「子どもへの避けたいかかわり」として「マルトリートメント」という概念が提唱され，それらに対する予防や支援活動が全国で行われています。

マルトリートメントの定義
　「虐待とは言い切れない大人から子どもに対する避けたいかかわり」

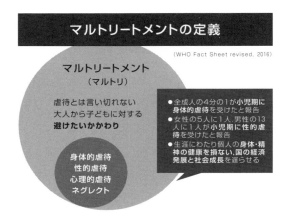

福井大学 子どものこころの発達研究センター友田明美教授
「マルトリートメント（マルトリ）が脳に与える影響」より

子育ての中で暴力を容認する日本の現状
　2018年の「子どもに対する体罰等への意識調査」は，年齢，性別，居住地，子どもの有無などにかかわらない，日本全国で

の大人 20,000 人を対象とした調査であり，以下の結果が出ています。

・しつけのために体罰を容認する割合は 56.7％（内訳：積極的にすべき 1.2％，必要に応じてすべき 16.3％，他に手段がないと思った時のみすべき 39.3％）と答えています。
・体罰を容認した人のうち，「子どもをしつける中でたたくことについてどう考えますが」との質問に対して，「積極的にすべき 0.9％，必要に応じてすべき 51.5％，他に手段がないと思った時のみすべき 43.7％」と答えています。
・体罰を容認した人のうち 58.2％の人は，「しつけのための行為」として怒鳴りつけることを容認しており，「だめな子だと言う」は 14.2％，「にらみつける」は 44.9％，「長時間，子どもを無視する」は 19.2％，「屋外やベランダに出す」は 25.8％と答えています。

　上記の結果からも，日本の社会の中では，体罰や怒鳴るなどの行為が「しつけ」として子育ての中で容認される傾向があります。
　大きな声で怒鳴って子どもに恐怖を与えることや，叩くなどの直接的な痛みを与えて子どもをコントロールすることは，子どものからだとこころを深く傷つけていくことになります。また，怒鳴る，叩くなどの外からの力によるコントロールで，親が問題と捉える事態がいったん収まったとしても，子どもが成長していく中では，引き続き問題は散発するため，根本的な解決にはなっておらず，そのたびに恐怖や痛みでのコントロールを繰り返すことが続けば，更に子どものからだとこころを深く傷つけていくことになります。
　親の中には，日々のエピソードからは子育てに頑張って取り組んでいて，頭では怒鳴ったり叩いたりする行為がいけないことであると理解できていても，何かの問題が咄嗟に起こった時，「自分自身がイライラして感情的になって叩いたり怒鳴ったり

してしまう」と言う人がいます。親自身もそのことで落ち込み，反省するのだけれど，また繰り返してしまう……という話を聞くことがあります。

　子育てをしていく中では，自分一人では子育ての困難な状況を解決できないことはしばしばあり，親は誰しもがマルトリートメントに陥ってしまう可能性があります。子育ての困難な状況を解決していくためには，親子にかかわる人々や暮らす地域社会全体で子育てをしていくこと（「とも育て」）や，マルトリートメント（「マルトリ」）について，マルトリ予防の取り組みを広げていくことが重要だと考えています。

　なお，「マルトリ」については福井大学友田明美教授を中心としたこどものこころ発達研所センターの研究「国立研究開発法人科学技術振興機構社会技術研究開発センター（JST/RISTEX）安全な暮らしをつくる新しい公／私空間の構築 研究開発領域『養育支援によって子どもの虐待を低減するシステムの構築』プロジェクト」の研究開発成果から，本書発刊にあたり許可をいただき掲載しています。

マルトリートメントが脳に及ぼす影響

　マルトリートメントな状態が重なることや続くことで，子どもの脳は傷つきます。そのことから二次的にもさまざまな状態を引き起こし，保育園や幼稚園，学校での集団生活や，将来社会で仕事をするようになった時に，脳の傷つきからの生きづらさを抱えてしまうことがあります。

　脳の防衛本能：極度のストレスを感じるとストレスホルモン「コルチゾール」が出て自分の脳を攻撃します。そのため子どもの脳が傷ついてしまいます。

　感情コントロールが苦手な脳：快・不快，敵・味方，好き・嫌いなどを判断する脳の「扁桃体」が過活動となり，怒りにブレーキをかける「前頭前野」の活動が低下するため，攻撃的になります。

　喜びを感じにくい脳：褒められたり，ご褒美をもらったりすると活発になる脳の「線条体」の活動が低下し，短期的なご褒美（報酬）に目が向いてしまい，長期的な視野での大きな報酬への価値を持ちにくくなります。

傷ついた脳を癒す

　子どもの脳は簡単に傷つき，将来の心身の健康や行動に影響することがありますが，適切なかかわりは傷ついた脳を回復させる可能性があることが研究で明らかになっています。

　「前向き子育て」とは，「子どもの権利を尊重する子育ての考え方を持って実践すること」と言われています。具体的には「①子どもの発達段階のニーズに合わせ，②温かさと枠組みを与え，③長期的な視野に基づいて，子どもが成長するために必要なことを教える」という考え方を持つことが推奨されています。例えば「子どもの話を聞きながら，『○○なんだね』と共感的に繰り返してみる」，「子どもの行動を『○○○しているんだね』と言葉にしてみる」，「子どもの適切な行動を『○○○ができたね』と具体的にほめる」など，子どもが会話の主役になり，子どものリードに大人がついていくかかわり方で，子どもと大人のよりよい関係を深めるコミュニケーションを持つことが脳の回復につながります。

　また，就学前の幼児期に大人からの「温かさと枠組み」（前向き子育て）の中で育まれた子どもは，就学後の児童期・思春期における脳発達がより促されることが知られています。

困っている家族に気づき，家族丸ごと支援する地域づくり

　人類の進化を紐解くと，その早い時期から「共同子育て」といって，集団の中で血縁に関わらず子どもの世話をする人が存在していたと考えられています。地域社会の中での関係性の希薄化から子育て家庭が孤立してしまったり，地域社会の中での体罰等によるしつけの容認からは，子育てが「前向き」か

ら「マルトリ」（前向きと反対）の方向へ陥ってしまうことがあります。実の親や家族だけで子育てをするのではなく，子どもを取り巻く地域全ての大人，両親や親せき，近所，保育園，幼稚園，学校や母子保健，医療や児童福祉，仕事仲間など，全ての大人が次の世代を担う子どもたちやその親，家族に寄り添う「とも育て（きょうどう子育て）」が必要になります。

　是非，「マルトリ」，「避けたいかかわり」について，予防のための子育ての方法を，親子が暮らす地域に伝えていくことで，安心・安全に子育てできる環境を目指していきましょう！

文　献

島田浩二，矢尾明子，友田明美（2020）脳科学から考える「マルトリ予防のすすめ」．福井大学子どものこころ発達研究センター．

榊原信子，椎野智子，友田明美（2020）子どもの脳とこころがすくすく育つ――マルトリに対応する支援者のためのガイドブック．福井大学子どものこころ発達研究センター．

セーブザチルドレンジャパン（2018）子どもに対するしつけのための体罰などの意識・実態調査結果報告書．

友田明美（2020）マルトリートメント（マルトリ）が脳に与える影響　映像テキストブック．福井大学子どものこころ発達研究センター．

友田明美（2017）子どもの脳を傷つける親たち．NHK出版新書．
友田明美（2019）脳を傷つけない子育て．河出書房新社．
森田ゆり（2003）しつけと体罰．童話館出版．

■　■　■　■　■

第5章

支援に必要な資源やサービス

1. 現在役立っているサービス／必要だと思う支援

　市町村は，多くの行政サービス，福祉サービス，子育て支援サービスを持ち，それ以外にも，公民を問わず，さまざまな社会資源の情報をもっています。

　そして，支援が必要な家庭のニーズを探りながらサービスにつなぎ，活用してもらい，少しでも子どもと家族が地域で生活しやすくなるよう支援しています。

　一方で，資源やサービスは最初から整えられているものではありません。市町村や地域が，家族や子どもの相談や支援をする中で必要となったサービスや資源を，知恵を絞り工夫を凝らして作り上げ，バージョンアップしてきたものも多いのです。

　今回のアンケートの中で，実際に家庭の支援に活用したサービスや社会資源の中で，「現在支援に役立っているもの」と，「必要だと思う支援」（現在制度としてはあるが，さらなる充実を期待するものを含む）を14種類の項目の中から2つずつ選択してもらいました。

　さらに選択した項目についてそれぞれ具体的な名称と選んだ理由を自由記載してもらいました。結果は以下のグラフの通りです（図5-1）。

　なお，選択した項目が，記入された名称と理由から見て明らかに他の項目であると判断した場合のみ，名称と理由に合わせた項目に変更しています。

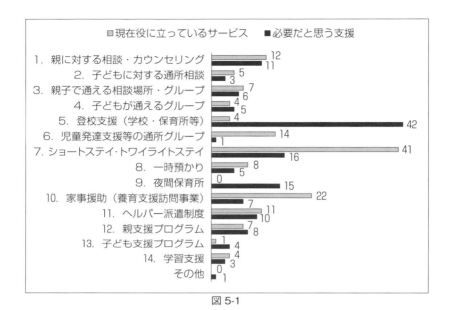

図 5-1

1) 現在支援に役立っているサービス

①ショートステイ・トワイライトステイ，②家事援助（養育支援訪問事業），③児童発達支援等の通所グループ，の順に多く選択されていました。これらは，自治体により内容に違いはあるにしても，比較的サービスとして整えられているものです。

次いで，親に対する相談・カウンセリングとヘルパー派遣事業が並んでいます。

①ショートステイ・トワイライトステイ

ショートステイには，児童福祉法による子育て短期支援事業のうちのショートステイ（短期入所援助事業）と，障害者総合支援法による障がいをもつ子どもが利用できる福祉サービスとしてのショートステイ（短期入所）があります。

児童福祉法のショートステイは，保護者が一時的に養育困難になった時に，

原則 7 日以内，児童養護施設など身近な施設や里親宅で子どもを預かる制度です。トワイライトステイ（夜間等養護）事業も子育て短期支援事業のひとつで，保護者が平日の夜間や休日に仕事などで子どもを養育できない時に利用します。

選択した理由を見ると，保護者のリフレッシュやレスパイト，育児負担軽減で，虐待予防に役立っているというものが多くあがりました。

「利用することで保護者が大きく調子を崩すことが減った」など，利用後のよい結果をあげている人もいました。

「一時保護にはならないが緊急的に分離が必要と判断した時の，子どもの居場所として活用」した例もあげられていました。

また，「幼い児童が夜間一人で留守番することなく安全に過ごせる」など子どもに安全な状況を保障するという理由もありました。

「養育負担軽減支援を理由につながることができる」と親とつながるきっかけとしての活用もありました。

「柔軟に受け入れてもらえる」と使い勝手の良さを記述する自治体がある一方で，「利用料が高額で利用につながらず，キャンセルもある」，「緊急時に即利用できるといいが」など，使いにくさを指摘する声もありました。

「利用枠，決まった予算等があるため，必ず利用できるとは限らない」，「制度はあるが施設が受入できないことが多い」など，必要があっても利用に至らないこともあるようです。

必要な家庭に使いやすい制度になるよう改善が求められています。

②家事支援（養育支援訪問事業）

養育支援訪問事業とは，養育支援が特に必要であると判断した家庭に，訪問により専門的な相談・支援や育児・家事援助を行う制度です。これを選んだ理由として，「親の家事負担が軽減される」，「特定妊婦が増加する中で虐待予防につながる」，「家事負担軽減による子育て支援，生活環境・育児環境を整えるのに活用できる」，「産後に頼る人がいない人が助かっている」，「子どもたちに食事が提供され，定期的モニタリングになる」などがあげられていました。

今回の選択肢は「家事援助（養育支援訪問事業）」としましたが，「家事支

援だけでなく，育児相談にも乗ってもらえる」，「養育環境を整えながら，家庭への助言見守りができる」など，相談支援のメリットを記載したものもありました。

養育支援訪問事業は自治体ごとで対象や利用条件の定めに違いがあります（乳児家庭，就学前児のいる家庭，要対協対象家庭等）が，家庭に出向き，衣食住に関わる家事の支援や子育ての支援をすることで，生活を維持させる効果は大きいと思われます。

具体的には，①育児家事負担を軽減させるため，支援を受け入れてもらいやすくなる，②支援者がロールモデルになり家事育児の技術の習得ができる，③保護者が支援者に大切にされているという体験により，人との関係を再構築しやすくなる，などの効果があります。

また，④定期的に家庭を訪問し相談に乗ることで，保護者が家事や育児でのストレスが溜まらないようにガス抜きの役割を果たし，孤立化を防ぐ効果も期待できます。

虐待予防に有効なアウトリーチ型の支援と言えるでしょう。

③児童発達支援等の通所グループ

アンケートでは，児童発達支援と放課後等デイサービスが多くあげられていました。これらは，児童福祉法を根拠とした障がいをもつ子どものためのサービスです。

児童発達支援は，小学校就学前の6歳までを対象として発達の支援や家族支援などを行います。

放課後等デイサービスは，就学をしている原則18歳までを対象として，授業終了後や学校の休業日に生活能力の向上のために必要な訓練，社会交流の促進などを行います。

子どもの発達段階や子どもの発達に応じた活動の中で，生活の自立を促したり，成功体験の積み増しを促し，自己肯定感をはぐくんだり，社会経験の幅を広げていったりすることが期待されています。

「発達に課題のある子どもたちが，放課後や長期休暇中に過ごせる場所があることで，保護者の負担が軽減される」，「対応が困難な子と離れる時間ができ，予防につながる」など，育児負担の軽減等の保護者側の理由と，「障

がい児の発達の保障と居場所の確保ができる」などの子ども側の理由の両方
があげられています。

　療育手帳などの障がい手帳の所持を必須としないため，発達課題のある
子どもが利用しやすいサービスです。そのことに加え，所属機関や自宅か
らの送迎付きの事業所が多いことから，保護者のニーズにも合致し，放課
後等デイサービスの利用児童数は平成 26 年度の 88,360 人から令和元年度の
226,610 人と 5 年間で約 2.6 倍，児童発達支援は平成 26 年 66,709 人から令和
元年には 111,792 人と約 1.7 倍に増え*，本調査が 2018 年であることを考慮
すると，より一層，障がいをもつ子どもの家庭にはなくてはならないサービ
スとなっています。

④ヘルパー派遣制度

　障害者総合支援法によるヘルパー派遣（居宅介護）や自治体の育児支援の
ヘルパー（名称例：育児支援ヘルパー，家庭訪問支援事業，産前・産後ママ
サポート等）があげられており，これらの中には養育支援訪問事業に位置づ
けられているものもあると思われます（「10 回まで家事や外出同行などを無
料で手伝ってもらえる」）。他に公的なものとしてはひとり親家庭を対象とし
て家庭生活支援員の派遣（ひとり親家庭等日常生活支援事業）があります。

　一方で，「費用面で利用につながらないこともある」など，利用者負担が
発生する場合の使いづらさの指摘もありました。

⑤親支援プログラム

　親支援プログラムは保護者を対象に家庭でより適切な子育てができるよう
になることをねらって開催されているものです。目的，対象者，開催方法は
それぞれのプログラムによって異なります。

　選択した理由として，「養育不安を訴える母の気づきになることがある」，
「保育を利用することで母のリフレッシュになる」，「子育ての知識や技術，
子育てスキルの向上」，「参加者自身がエンパワメントされる」，「相互交流
促進で孤立化の防止」などがあげられています（本章の後に掲載したコラム

---

* 厚生労働省「障害児通所支援のあり方に関する検討会」令和 2 年 7 月 6 日第 2 回参考資料 4 参照。

「ペアレンティングプログラム」,「支援に役立つ豆知識集」参照)。

⑥学習支援

　学習支援は，学童期の児童生徒の支援メニューが少ない中，子どもの貧困連鎖防止（生活困窮者自立支援制度）やひとり親家庭等生活向上事業による子どもの学習・生活支援等事業としてや，民間団体などの自主事業として，実施されているものです。

　選択した理由として，「学習面のみならず，個別の大人とのつながりができる」,「学習を通してよいモデルとなる大学生と交流できる」,「子の自信の回復」,「（虐待や貧困の世代間）連鎖を断ち切れるように意識づけ，子どもとつながれる」など，学習だけにとどまらず，大人と安定してつながれることも，この事業の大きな効果として考えられています。子どもの居場所として，また，子どもの思いを受け止める場としても，今後期待できる支援となるでしょう。

⑦子どもが通えるグループ

　事業としてグループ活動を実施している自治体がこれを選択しています。

　選択した理由として，「行事参加へのお誘いをきっかけに関わりができる」,「子どもと関係を作ることで，親とも関係が作れる」など，子どもとの関係づくりや保護者とも関わるきっかけが作れることの効果や，「活動の中で家の様子などを聞くことができる」場としての効果があるとの記述がみられました。

2）必要だと思う支援

　必要だと思う支援は，①登校支援（学校・保育所等），②夜間保育所，③ショートステイ・トワイライトステイ，の順に多く，次いで，ヘルパー派遣制度となっています。

　支援するために必要だと思っていても，制度やサービスとして整えられていないものや，制度としてはあるが，ニーズを十分充足できるものになっていなかったり，利用しにくく改善を求めたいものなどが選択されています。

①登校支援

必要だと思う支援の中で突出して多いものが，登校支援です。

子どもが所属機関（学校園や保育園等）に属していても，家庭の理由で通うことができなければ，子どもに力をつける場を保障できません。

「ネグレクト家庭などの子どもが，安定して通学・登園ができて不登校にならないような支援をしたくても，親が先に仕事に行くと子どもが学校に行かないことがある」，「（保護者に）所属（機関）に送り出す力が無くても，それを毎朝の支援できるサービスが無い」，「所属（機関）はマンパワー不足。子どもに力をつけるためには継続登校の支援が必要」，「親が就労していたり，ハンディがあったりする中で，子どもが公的支援の中で安心して在籍校園に通えるように」，「是非，使える（サービスの）制度化をしてもらいたい」など，切実な声が多く寄せられました。

不登校状態が「閉じこもりの前兆」になっていくとの指摘もありました。

一言で「登校支援」といっても，内容としては，「登所・登園への押し出しの弱い保護者への声掛け」や登校準備の支援などの「送り出し」と「送迎」の2種類が求められているようです。

②夜間保育所

夜間保育所が必要だと思う支援の2番目に多く選択されました。

配偶者や親族支援がない中で，子どもを自宅に置いて夜間就労し通告される事例が増えており，市町村はその対応に苦慮しています。

安全の配慮をされていない中で，子どもたちだけで夜間を過ごし，事故や火災に見舞われる心配があります。また寂しさが募り，子どもの心の成長によくない影響を与えることにもなりかねません。

一方で保護者には，注意喚起するだけでなく，夜間に就労している間，安心して子どもを託せる夜間保育所やシッター等の託児サービスを紹介する必要があります。

アンケートでも，夜間保育所が充実して，「夜勤など幼児・児童の夜間放置予防」，「夜預ける場所があることで，親の仕事幅の広がりやネグレクト予防につながる」ことが期待されています。

同時に，子どもが大切にされ，市町村と連携可能な夜間保育所であること

も必要です。

ところで，この項目を，「現在役立っているサービス」に選択した人はいませんでした。

認可外の夜間保育施設をどのくらいの家庭が利用しているかの状況を把握できていないことも，「役立っているサービス」としてあげられない理由の一つだと考えられます。2018年4月時点，全国に認可の夜間保育所は79カ所となっており，住んでいる自治体に存在しないことが多いのが現状です。一方，認可外の保育施設は，生活のためにダブルワークや夜間就労をせざるを得ない家庭にとっては高額であり，そのことが利用しにくい一因になっていることは否めません。

③ショートステイ・トワイライトステイ

役立つ支援のトップでありながら，必要だと思う支援でも3番目に選択されています。

④家事援助（養育支援訪問事業）とヘルパー派遣

この2つのサービスを選択した理由には，「親子とも障がい等なく使える家事支援・送迎がない」，「現在，子どもに対する派遣制度がない」，「障がいサービスにつながるまでの間活用できるノウハウのあるヘルパーを求めている」，「無条件（低価格）で使えるものがあるといいと思う」などがあがっていました。

支援が必要な家庭には，柔軟に支援ができるように養育支援訪問事業を整えている自治体もあり，そこでは継続的に支援する上で必要不可欠の制度になっているようです（「2. 特色のある資源やサービス」参照）。

障がいの有無や子どもの年齢にかかわらず，支援の必要な家庭が利用できる訪問型サービスが求められています。

⑤親に対する相談・カウンセリング

「親の振り返りの場」，「子どものことで悩んだ時，一人で抱えず一緒に考えてもらえる」，「子の対応について相談することで虐待防止・改善につながる」ことなどが，期待されています。

　日常的な相談に気軽に乗ることができるのが市町村の相談機関の強みですが、「通告対応から子ども家庭相談で継続的に関わるケースが増加している」中で「心理職が対応するが件数が多く追いつかない」という課題もあるようです。

　子ども家庭相談や教育相談等の行政機関だけでなく、カウンセリングや子へのセラピー等を行ってくれる医療機関や大学の相談室などとよりよい連携ができることも必要です。

　その際の治療費については、健康保険や委託事業など、利用しやすい制度が整備されることが、今後求められてくるでしょう。

⑥親支援のプログラム

　親支援のプログラムは、保護者を対象に家庭でより適切な子育てができるようになることをねらって開催されているものです。目的、対象者、開催方法は、それぞれのプログラムにより異なります。

　アンケートでは「面談の繰り返しで効果の見えないケースなど」に支援を継続する中で、別のアプローチとして親支援のプログラムを必要としているという意見がありました。

　期待する効果としては、「孤独感の軽減や他者との共感」を味わうことや、「しんどいままで行動を変えるのは難しいため、心に余裕を持てるようなプログラム」をあげていました。一方で「親支援プログラムが少ない」という声もありました。

　保護者支援に効果的に親支援プログラムを活用するためには、それぞれのプログラムの対象や構造、効果と限界について知っておくことが大切でしょう。また、対象者に紹介できるよう、日程や申込み先や申込み方法などの情報を持っておくことも必要です（コラム「ペアレンティングプログラム」参照）。

⑦子どもに対する通所相談，子どもが通えるグループ，子ども支援プログラム

　通所相談については「被虐待児へのカウンセリングとしてプレイセラピーがない」、虐待の「影響の内容や度合いは違うので、直接話を聞いて見極め、

ケアを行う必要があると思う」など，個別で子どもに対して治療をする場を必要とする声がありました。

　子どもが通えるグループや子ども支援プログラムを必要とする理由としては「個別対応では対応できる数にも限界があるため，可能なケースをグループで支援していけたらいい」，「居場所のようなものがあればいいと思う」，「ネグレクト家庭の子に生活の力をつけられる」など，子どもを直接支援したりケアしたり力をつけたりできる取り組みの必要性があげられていました。

　子どもとの面接を続けることで，子どもとの信頼関係を築くことができ，子どもが子ども自身の言葉で，保護者の前では言いづらい気持ちや意思を話すことができるようになります。

　子どもの居場所やグループ活動では，活動内容の決定の場面やワークなどの中で，支援者が一人一人の子どもの声に丁寧に向き合うことができます。子どもたちはそこで，自分の意見や思いを安心して伝え，尊重される経験を積み重ねることになります。

2. 特色のある資源やサービス

　ここでは，それぞれの自治体で，支援に役立つように工夫している特色のあるサービスや社会資源を，アンケートの回答や自治体のホームページ等の情報から調べてみました。

　その一部を簡単に紹介します。

1）ショートステイ（子育て短期支援事業）

①福岡県福岡市の里親ショートステイ

　福岡市では，ショートステイ里親に委託する「里親ショートステイ」を積極的に推し進めています。まず，西区役所でモデル的に始め，2022 年度に全区で実施することになりました。

　住み慣れた区内のショートステイ里親の家庭でのショートステイは，子どもの不安をやわらげ，預ける保護者の安心にもつながります。

ショートステイの間，子どもが在籍する学校や園に通えるための工夫も考えられています。

ショートステイ里親はNPO法人SOS子どもの村JAPANのサポートを受けることができるため，安心して，子どもを預かることができます。

西区には，SOS子どもの村JAPAN，福岡市西区，福岡市児童相談所，九州大学田北研究室，福岡市里親会等で作った「みんなで里親プロジェクト」があり，里親普及・支援に積極的に取り組んでいます。

②ある自治体の取り組み例

市の子育て支援施設で，児童養護施設のサテライトとしてショートステイを実施している自治体があります。

そこでは，ショートステイを利用している間も子どもたちが安心しほっとできる空間づくりを心がけ，大切にされていると思ってもらえるよう配慮しています。保護者の育児疲れなどで繰り返し利用することがあっても，スタッフが子どもに寄り添ってくれることで，生活習慣などの力がつくことにもつながっています。

2) 子どもが通えるグループ

①大阪府大東市の子どもの居場所の工夫

大阪府大東市では，学校の長期休業期間中と，平日に週1回，支援を必要とする児童らに居場所を提供しています。

2020年度までは，学生や民生委員によるボランティアの協力を受けながら，家庭児童相談室が運営を行っていましたが，現在は民間の事業所に委託しています。

活動の中心は，昼食を作り，食べ，片づけるといった，日常生活におけるさまざまな行動であり，これらを児童と一緒に行うことで，前向きに生きていくために必要な力をエンパワメントしています。

居場所に通う中で，子どもたちに安心感が醸成され，様子が落ち着くとともに，お互いを思いやる気持ちが生まれるなど，さまざまな効果を生んでいます。

②子ども家庭相談窓口が主催の子どものグループ活動の例

　子ども家庭相談窓口が，支援中の子どものグループ活動を主催している自治体の例が，いくつかありました。グループ活動では，工作や簡単なクッキングなどを企画し，家庭でできない経験や社会生活のスキルを増やすなどして，社会性を高める効果をねらっています。

　また，担当者が家庭訪問などでグループの案内を届けることは，虐待通告で会うのではなく楽しいお知らせとなるため，保護者とも話がはずみ，いつもと異なるニーズが聞き出せるチャンスとなることがあり，最終的に子どもが参加できなくても効果が期待できる場合もあります。

　また，参加した子どもの様子を保護者に返すことで，保護者と子ども家庭相談窓口との良好な関係づくりにも有効です。

3）養育支援訪問事業

①愛媛県松山市直営の事業として

　愛媛県松山市では，乳幼児家庭に限らず支援の必要な家庭の訪問支援を，養育支援訪問事業として子ども家庭総合支援拠点が直営で実施しています。

　その家庭のニーズに合うスタッフが複数で対応し，訪問だけでなく同行支援（病院や手続きなど）などもしています。

②ある自治体の，委託事業所とのよい連携の例

　ある自治体では，自ら支援を求めることが困難で育児支援が必要な家庭に，委託した事業所が家事支援，育児支援，相談支援を行っています。

　自治体も支援を事業所任せにせず，その家庭に関わる子ども家庭相談の担当や保健師も事業所と同行訪問するなどしています。役割分担しながら連携して支援をしています。

4）他に特色あるアウトリーチ型の支援として

①東京都江戸川区の「食事支援事業」

　食の支援が必要な家庭の子どもたちに家庭まで食を届ける2つの食事支援

事業を展開しています。

食事支援ボランティア派遣事業「～できたて食べてね～おうち食堂」

年間 48 回を上限に，食の支援が必要な家庭（18 歳までの子どもが対象）に，食事支援ボランティアが訪問し，買い物から調理，片づけまで行う事業。家庭で手作りできたての食事を提供します。

利用にあたっては一定の審査があります。

自己負担はありませんが，不足している食材がある場合に，子ども 1 人につき 500 円（2 人目以降はそれぞれ + 250 円）を区が補助しています。その金額の範囲内で買い物を行います。

保護者分の料理を作るために追加で食材を買う等，超過分が発生した場合は自己負担となります。

子ども配食サービス事業「KODOMO ごはん便」

年間 48 回を上限に，食の支援が必要な家庭（住民税非課税などの世帯の 18 歳までの子ども対象）に区内の仕出し弁当組合の 1 食 470 円の手作りのおべんとうを，一部自己負担をいただき 100 円で届ける事業です。

利用にあたっては一定の審査が必要です。

上記 2 つの食の支援をきっかけとして，状況に応じて区職員らが同行し必要な支援につなげることもあります。

②栃木県日光市の，NPO 法人と協働したオーダーメイドの支援

栃木県日光市の子ども家庭相談は，NPO 法人「だいじょうぶ」と協働し，制度のはざまで取りこぼされがちな家庭に，オーダーメイドの支援を届けるしくみを作っています。

子ども家庭相談に，NPO 法人「だいじょうぶ」の代表者も机を並べ，子ども家庭相談が受理したケースの支援計画策定の段階から参画しています。既存の公のサービスや制度では制限が多く，要対協で見守り中の家庭が活用できない，あるいは，必要な支援内容が公のサービスではカバーできないなどがあります。

そこを，子ども家庭相談と NPO 法人「だいじょうぶ」が役割分担しながら，家庭のニーズに合ったオーダーメイドの支援をしています。

■ ■ ■ ■ ■
コラム⑪
ペアレンティングプログラム

上手く子育てをしたい，子どもと楽しく過ごしたい，はじめての子育ては不安……，多くの人は親になる前にいろいろなことを思うのではないでしょうか。

現実は，子どもが生まれると，授乳，おむつ交換，沐浴と，24時間体制でのお世話が始まります。子どもが大きくなってくると，少し楽になったかと思いきや，イヤイヤ期が始まり……。そして第2子，第3子と，子どもが増えることでやらなければならないことは2倍・3倍と増えていきます。

親にとって，子育てを仕事に例えると，『24時間×365日×自立する年数』の期間となり，長く壮大な仕事です。そして，仕事ならコーチングやトレーニングのシステムがあったり，システムが無くても職場の人に聞きながら仕事を覚える，手伝ってもらう等のサポートシステムがあります。では，子育てには仕事のように学ぶことや，サポートシステムがある人はどのくらいあるのでしょうか……実は，多くの親は知識や技術を学ぶ機会やサポートシステムがないままに子育てを行っています。

子どもが成長する中で避けては通れない，やらなければならないことや，自我の育ちのイヤイヤ期で物事がすんなりとは進まないこと，子ども達が始める兄弟喧嘩などは，親にとってのイライラの種になることが多いです。余裕があれば冷静に対応できることも，ついカッとなって怒鳴ったり叩いてしまったり。子どもに適切でない関わりをしてしまうことで，親もまた辛い思いをしているという話を聞くことがあります。

親が子育ての知識や技術を学ぶ機会があれば，子育てが少し楽になり，適切ではない関りの予防につながり……親も子もハッピーになれます！　そのための1つの手段が，ペアレンティングプログラムです。

ペアレンティングプログラムとは

　英語のParentingは,「子育て,育児,育児技術,親になること」の意味です。Programは,「長期的な目標に向けた,体系的な組み合わせや枠組み」という意味を持ちます。2つの言葉の意味からは,「子どもが安全かつ健全に成長発達できることと,親が親となっていくという長期的な目標に向けて,子育ての知識と技術を体系的に組み合わせたものを用いて,目標達成を支援するもの」となります。

　つまりペアレンティングプログラムとは,「子育てについての考え方や技術を効果的に学ぶこと」の総称で,子育てをする親を応援するためのプログラムです。別の言い方では「ペアレント・プログラム」とも呼ばれています。

ペアレンティングプログラムの種類や内容

　ペアレンティングプログラムは世界各国で作られています。もちろん日本で作られたプログラムもあります。「各国で文化は違うのに日本でも使えるの?」と思われるかもしれませんが,子育ての困りごとや悩みは世界各国共通で,知識や技術は基本的にほとんど同じです。

　具体的に子育ての知識や技術を伝えるグループプログラムでは,参加者同士で子育てについての分かち合いを行い,地域での仲間づくりを目指しているものもあります。また,親自身の心や体にアプローチするワークを取り入れているものもあります (次のコラム「支援に役立つ豆知識集」に代表的なペアレンティングプログラムを掲載しています)。

・初めての赤ちゃんを育てるお母さんを対象としたもの
・子どもの年齢を区切って,その時期に親に必要な知識や技術の内容を網羅しているもの
・子育てへの不安が高く,保健師などの専門職が支援している親に向けたもの
・発達障がいのある子どもを育てている親に向けたもの

・子育てが上手くいかない親の中で，自身の心の傷を回復して
　いくことを目的にしているもの
・子どもとの安全な暮らしをするために，親と支援者が集まり
　話し合いの中でともに考えていくもの　などなど
　　なお，プログラムは，子どもの年齢に合わせて受けられるも
のや，親や子どもの状況にあわせたものなどがあります。また，
1回の参加人数は2人〜20人程度のグループから，1対1のプ
ライマリ（個別）のもの，家族参加型などがあります。

ペアレンティングプログラムへの参加方法や費用

　　プログラムは，そのプログラムの団体が実施している場合や，
民間の病院や子育て支援団体等が実施しているものがあります。
その場合，対象となる親子の条件が合えば参加することができ
ます。また，自治体（都道府県や市町村）が実施している場合は，
その地域の住民が参加の対象になります。
　　市町村の職員が直営で自分の地域でプログラムを実施するた
めには，予算と人員を確保する必要があります〈会場費，テキ
スト代，周知するチラシの費用，保育が必要な場合の費用（預
かる子どもの年齢や人数によって算出，会場費），ファシリテー
ターを外部に依頼する場合の人件費など〉。また，実施が決ま
れば，対象者への周知などは，母子保健部署や教育委員会，子
育て支援部署等と連携をとりながら進めることになります。

参考文献
市町村児童虐待防止と支援のあり方の研究会（2020）市町村における児童
　　虐待対応の困難事例における対応と工夫．おおさか市町村職員研修研究
　　センター．
ペアレンティングを支援する会（2011）支援者のための虐待を未然に防ぐ
　　親支援プログラム．児童虐待防止協会．

■　■　■　■　■
コラム⑫
支援に役立つ豆知識集

　ここでは，支援する際に参考になる知識や情報を集めたインターネットのサイトなどを紹介します。

精神疾患について知りたい

●みんなのメンタルヘルス総合サイト（厚生労働省）:
https://www.mhlw.go.jp/kokoro/index.html
　メンタルヘルスのこと，心の病気についての情報，心の病気になった時の治療や生活へのサポート，国の施策や専門的な情報まで総合的に掲載されています。

●子ども情報ステーション by ぷるすあるは（ぷるすあるは）:
https://kidsinfost.net/
　看護師・医師を中心としたチーム・NPO 法人ぷるすあるはが運営している，精神障がいやこころの不調，発達凸凹をかかえた親とその子どもの情報＆応援サイトです。親が精神疾患やこころの不調を抱えているとき，子どものまわりの大人が子どもとの関わりに活用するためのガイドや，イラストで学ぶこころの病気や障がいのページ，「子どもへの心理教育」，「精神保健」に関するさまざまな本や絵本の紹介するページなどがあります。

叩かない子育てについて知りたい

●体罰等によらない子育てについて（厚生労働省特設サイト）:
https://www.mhlw.go.jp/no-taibatsu/

●愛の鞭ゼロ作戦リーフレット（厚生労働省健やか親子 21 のサイト）:
https://sukoyaka21.mhlw.go.jp/wp-content/uploads/2022/02/ainomuchizero_pdf.pdf

●防ごうまるとり　みんながいるよ。とも育て™（きょうどう子育て）

マルトリ紹介ページ：https://marutori.jp/
マルトリ予防™資料箱：https://marutori.jp/library.html
　とも育て™とはすべての大人が次世代を担う子どもたちやその親，家族に寄り添う家族まるごと支援のこと。マルトリ予防™を一緒に進めていきましょう。

LINEなどのSNSで相談できる窓口を知りたい

● まもろうよ　こころ（厚生労働省のサイト）：https://www.mhlw.go.jp/mamorouyokokoro/
　厚生労働省の自殺対策のページですが，不安や生きづらさなど心の悩みをかかえる人が，電話やSNSで相談できるいくつかの窓口が紹介されています。その中には，18歳未満の子どもを対象にしたものや，10代20代の女性を対象にしたものも掲載されています。

DVについて知りたい

● 配偶者からの暴力被害者支援情報（内閣府男女共同参画局の特設サイト）：http://www.gender.go.jp/policy/no_violence/e-vaw/index.html

ヤングケアラー（子どもケアラー）について知りたい（77ページのコラム「ヤングケアラーについて」もご参照ください）

● 子どもが子どもでいられる街に。〜みんなでヤングケアラーを支える社会を目指して〜（厚生労働省特設サイト）：https://www.mhlw.go.jp/young-carer/
● ヤングケアラープロジェクト（一般社団法人日本ケアラー連盟）：https://youngcarerpj.jimdofree.com/
　ヤングケアラー当事者，元当事者同士の交流会，家族会などの情報も掲載されています。

効果的なアプローチについて知りたい

●児童相談所における保護者支援のためのプログラム活用ハンドブック：https://www.niph.go.jp/entrance/jidousoudan.pdf

　当事者である親と子どもが主体的に安全な生活を築くためのアプローチであるサインズ・オブ・セーフティ・アプローチ等親支援プログラムについて掲載されています。

●非暴力コミュニケーション「機中八朔®」：http://parent-supporters.brain.riken.jp/assets/hkichuhassakupamphlet.pdf

　子どもが「してほしいことをしない」,「してほしくないことをした」ときのための, 頭文字つづりで覚えるだけの非暴力コミュニケーションの具体的なパッケージ。非暴力をより早く, より多くの人と共有するために千葉県の児童相談所所長が開発したものです。

参考文献：アンドリュー・ターネル, スージー・エセックス（2008）児童虐待を認めない親への対応. 明石書店.

性教育について知りたい

●乳幼児期の性に関する情報提供―保健師や親子に関わる専門職のための手引き：https://meiiku.com/mhlw_guide/

　性的虐待の被害から子どもを守るためには, 早期から親が子どもに対して対話の中で性教育をしていくことが有効です。子どもにかかわる専門職が保護者から受ける性に関する質問への回答や, 実際に性教育をしていく際の言葉がけなどが書かれています。

親支援プログラム（ペアレンティングプログラム）について知りたい

　親支援プログラムには以下のほかにもスター・ペアレントやサークル・オブ・セキュリティプログラムなどさまざまなプログラムがあります。また, 訪問型子育て支援として, ヘルシースタートやホームスタートがあります。

●前向き子育てトリプルＰ：www.triplep-japan.org/

子どもの発達を促しつつ，親子のコミュニケーション，子どもの問題行動への対処法など，それぞれの親子に合わせた方法に変えていくための考え方や具体的な子育て技術を学ぶプログラム。

●MY TREE ペアレントプログラム：https://mytree-p.org/
虐待に至ってしまった親の回復プログラム。

●ノーバディーズパーフェクト：https://www.nobodys-perfect-japan.com/（Nobody's Perfect Japan），https://ccc-npnc.org/program/nobodysperfect.php（Nobody's Perfect 日本センター）

親が自分の長所に気付き，健康で幸福な子どもを育てる為の前向きな方法を見出せるような手助けをするプログラム。

●ベビープログラム（BP）：https://www.akachangakita.com
初めて赤ちゃんを育てる母親に少し先を見通した育児知識の提供と仲間づくりをめざしたプログラム。

※「効果的なアプローチについて知りたい」の項で紹介した「児童相談所における保護者支援のためのプログラム活用ハンドブック」の中にも，親支援プログラム（ペアレンティングプログラム）の活用が紹介されています。

■　■　■　■　■

第6章

現場でどう生かされたか
——実務者の利用後のアンケートより——

1. 実務者の利用後のアンケート

1）目　的

　研究会で作成した報告書の中でも，特に第3，4章の「困難事例への支援」が，児童虐待防止に携わっている子ども家庭相談部署の職員にとってどのように役立ったのか明らかにするため，アンケート調査を行いました。

　それにより職員が日ごろの抱える困難さや大切にしていること，その意識や課題を明らかにすることも目的としました。

　対象は研究会のメンバーの所属する4つの市町村において，実際に虐待防止の対応を行っている職員42人としました。

2）アンケート項目

　回答者の資格と，市町村の実務者としての所属経験年数を選択してもらい，その後「困難事例への支援」の解釈編で役に立った項目とキーワード，そしてその理由を回答してもらいました。

　次に対応編の具体的な対応の工夫で役に立った事例及びそのキーワードと理由を回答してもらいました。

アンケート項目

1. 資格について　複数回答

　①社会福祉士　②精神保健福祉士　③保健師　④保育士　⑤臨床心理士

　⑥公認心理師　⑦教員　⑧社会福祉主事　⑨その他（　　　　　　　）

2. 所属経験年数

　①1年未満　②1〜3年　③4〜6年　④7〜15年　⑤16年以上

3. 解釈編で役に立った項目（見出しより選択）　および　キーワード

4. 対応編で一番，役に立った事例番号　および　キーワードとその理由

5. 対応編で二番目に役立った事例番号　および　キーワードとその理由

6. 感想やご意見

2．アンケート結果から

1）フェースシート

　資格については，重複回答があり，42人中社会福祉士が14人（33.3％），臨床心理士が11人（26.2％）と多く，社会福祉主事任用資格8人（19.0％），公認心理師および教員が5人（11.9％），保健師4人（9.5％），精神保健福祉士3人（11.9％），保育士が2人（4.8％）でした。

　所属経験年数は，1年未満が10人（23.8％），1〜3年が16人（38.1％）と6割を占めていますが，4〜6年が9人（21.4％），7〜15年が4人（9.5％），16年以上が3人（7.1％）と，一定数経験のある人もいました。

2）実務者にとって解釈編（第3章）で役立ったこと

　解釈編について役立った項目としては，「保護者との関係による困難さ」，「事例内容による困難さ」，「対人援助における支援者側の視点や姿勢」といった「困難事例に対する支援者の姿勢」についての項目が最も多く，全体の半数近くが選択していました。

　次いで「市町村における子ども虐待防止の基本的な考え方」を2割が選択

表 6-1　回答者の資格および経験年数

資格（複数回答）				所属経験年数	
ア．社会福祉士	12	2	0	ア．1 年未満	10
イ．精神保健福祉士	3	2	0	イ．1 〜 3 年	16
ウ．保健師	4	0	0	ウ．4 〜 6 年	9
エ．保育士	2	0	0	エ．7 〜 15 年	4
オ．臨床心理士	11	0	0	オ．16 年以上	3
カ．公認心理師	1	4	0		
キ．教員	2	3	0		
ケ．社会福祉主事	6	2	3		
コ．その他	1	2	1		

していました。

　経験年数によって大きな違いは見られませんでしたが，資格別でみると，臨床心理士と公認心理師（以下，心理士）は「困難事例に対する支援者の姿勢」を多く選択しており，社会福祉士は比較的「保護者と協動して子どもを支援すること」を選択する傾向がありました。

　役に立った項目のキーワードに関して，最も選択された項目の「困難事例に対する支援者の姿勢」については，「支援のゴールの設定」，「支援者自身の自己理解」，「目的を持った関わり」，「長期に関わる支援体制」，「特効薬は存在しない」，などといったさまざまコメントが寄せられていました。

　それらを選んだ理由としては，「日常の支援業務を整理してみるのにとても役に立つ」，「なぜ困難なのかを改めて考えるヒントになった」，「困難事例ケースでは，常に目的を持った関わりが必要で，家庭の状況に応じた工夫が必要であると再認識した」，「ゴールを持った支援が支援者側のメンタル面のダメージ軽減をはかることができる」といった意見がありました。

　次いで多かった「市町村における子ども虐待防止の基本的な考え方」についてキーワードは，「子どもを中心とした視点」，「保護者が自分の育てられた体験を意味付けを知る」，「家庭児童相談所だけですべて解決できないという認識」などのコメントがありました。

　それらの理由としては「保護者が一方的に感じている子どもの問題だけを引き出してしまう。主張が弱い子どもの支援が後回しになりがちになってはいけないと再確認できた」，「保護者の言動や養育の理由を理解することでア

セスメントができ，子どもを中心としてた視点でアプローチできると再認識した」，「支援チームとしての顔の見える関係の中で，個々の役割を果たすこと」などといった意見がありました。

3）実務者にとって対応編（第4章）で役に立ったこと

対応編については，2つまで役に立った事例を選んでもらましたが，全体では事例11の「システムが整っていないために生じる困難さ」を選択している場合が最も多く，全体の約3割を占めていました。

次いで事例4の「関係機関の対応」に関する困難さを選択している場合で，2割強でした。

3番目に多かったのは事例8の「機関間の共通理解が困難」，「慢性化・常態化」に関する困難さでした。

経験年数による違いは，事例1の「会えない」と事例4の「関係機関の対応」に関する困難さを選択した人の100%が6年未満で，事例4については特に3年未満が9割でした。

資格別にみると，心理士は事例11の「システムが整っていないために生じる困難さ」や事例6の「虐待かどうかの判断が困難」が比較的多く，社会福祉士は事例4の「関係機関の対応」や事例2の「会えるけど拒否」，「支援の拒否」といった困難さを選んでいる人が比較的多く，社会福祉主事は事例8の「機関間の共通理解が困難」，「慢性化・常態化」を選んでいる人が比較的多くみられました。

数は少ないものの，精神保健福祉士は事例7の「関係機関連携の困難さ」，「状況の把握が困難」が半数を占めていました。

各事例についてのキーワードとして，最も多かった事例11「システムが整っていないために生じる困難さ」については，「夜間放置せざるを得ない環境」，「ひとりで子育てしている状況を労うような視点」などのコメントがあり，理由としては「仕事・収入も必要であり，ただ子ども達の安全も守る必要があり，支援する側も直接何かができるわけではない難しさがある。その上でどう保護者に少しでも子どもらの視点にたてるかを考えてもらう投げかけが参考になった」，「ダメと言うのは簡単だが，解決にはならない。活用

できることを提示したうえで，いっしょに考えていくことが大切だと思うから」といった意見がありました。

　次いで多かった事例4の「関係機関の対応」に関する困難さについては，「所属機関の保護者との関係悪化」を心配することがキーワードとして多く，理由としては「所属機関が保護者の関係悪化を恐れ通告とせず情報提供されることがあり，その後の対応に困ることがあるため。虐待と判断したのではなく，報告する義務があり，子どものことを心配しているということを所属が保護者に伝えてもらえるように対応していきたい」という意見などがありました。

　次の事例8「機関間の共通理解が困難」，「慢性化・常態化」については，キーワードとして「関係機関におけるリスクアセスメントの共有」や「長期目標と短期目標」があげられており，理由としては「リスクアセスメントを共有しながら対応を行っていく上で資料としてのアセスメント票の必要性」や「長期的な支援になると不全感が大きくなり，方向性を見失うことが多々ある。ケース会議などを通して変化（良い点も含めて）を見直し，目標を共有することで，目の前の支援の意味が見いだせるように感じたため」といった理由があがっていました。

4）感　想

　さまざまな感想が寄せられましたが，「対応についていろいろな引出しを持っておくこと，多角的にケースをみていくことが必要だと思います。こんな考えもあるか，など視点を変えてみてみるために，参考になりました」，「保護者と接する際に必要な視点や声掛けの方法は実践できるものも多かったです」といった，実際に対応していくときのヒントや実践に役立つものという感想と，「日々の業務が多忙すぎて，自己研鑽が積めているのか心もとないですが，この冊子を通じて子どもを中心にケースワークしていく心構えを再確認できました」というように，支援者の心構えのために役立ったという感想が多くありました。また，制度上の課題やコラムについて参考になったとの感想もありました。

3．まとめ

　市町村の役割は，在宅支援を地域ネットワークで行うことですが，さまざまな困難を目の当たりにして，戸惑うことも多いものです。

　解釈編で役立ったこととして「困難事例に対する支援者の姿勢」と「市町村における子ども虐待防止の基本的な考え方」があげられていました。

　市町村では人事異動等の事情により経験年数が浅い場合も多く，自信を失ったり，自分を責めたりする場合もあることでしょう。

　一方，経験を積んでも，なかなか支援が届かないことや，関係機関との連携がうまくいかないときや，支援を行っていくための仕組みやシステムが追い付いてない現状が立ちはだかるときがあります。

　そのようなとき，「困難さ」について，自分自身の姿勢や考え方にあるのか，事例のもつ複雑さによるものか，はたまた制度やシステムの不十分さによるものかを改めて考え，整理をしてから支援に向かうことが，客観的で多面的な姿勢で子どもと家族に向き合えるポイントになるのかもしれません。

　支援を届けるものとして，支援者自身を理解し，支援のゴールを設定し，目的を持った関わりを行っていく「支援者としての姿勢」。それによって，関係機関と方向性を共有して支援が目的的に進められ，子どもや家庭に対して本当に必要な支援を届けることになり，支援者側のメンタル面のダメージの軽減にもなると考えられます。

　また，児童虐待防止の基本的な考え方を理解することは，家庭へと支援を届けるものの，子どもを中心にする視点を忘れないことにつながります。

　これは子どもの最善の利益を尊重することに他なりません。

　また，子どもが生活をする家庭を支援することになりますが，さまざまな背景をもつ保護者に対して，保護者の育てられた体験や環境を理解し，労い，丁寧にニーズを掘り起こし関わっていくことになります。

　そこで忘れてはならない視点として，「1機関だけでは解決できない」という認識のもと，関係機関と連携したネットワーク支援を行うことです。

　対応編で役に立った項目として，「システムが整っていないために生じる困難さ」，「関係機関の対応」，「機関間の共通理解が困難」，「慢性化・常態化」などに加え，「会えるけど拒否」，「支援の拒否」という困難さが選択さ

れていました。

　ひとり親家庭や，経済的な課題を抱えているなどの不適切な状況や，家庭的な脆弱さがあり長期化する事例などでは，支援に行き詰まって，関係機関の調整が困難になり，機関間での方向性が定まらなくなる場合が，市町村に多く寄せられるネグレクト事例でよくみられます。

　そのような場合でも，長期化する事例には，方向性を見失わないように，ケース会議などを用いて長期的な目標と短期的目標を設定し，関係機関においては，リスクアセスメントや子どもや家族のストレングスを共有します。

　他にも日頃からのネットワークの生成に努めることなどが重要になります。

　また，関係機関が保護者との関係悪化を恐れてしまう場合などでは，ケース会議や連携の際に，丁寧かつ長期的な視点を持った論理的な説明が必要とされます。

　今回は，研究会メンバーの所属する4つの市の，児童虐待防止に携わる職員という限定的な対象者へのアンケートでした。そのため，統計的な処理ができるとは言えません。

　しかし，42人の職員が日頃さまざまな困難に直面し，それを乗り越え，何とか子どもと家庭に支援を届けようとしている姿が見えたように思います。

参考文献・引用文献

第1章

厚生労働省. 令和元年度福祉行政報告例の概況. 福祉行政報告例に関する統計表. https://www.mhlw.go.jp/toukei/saikin/hw/gyousei/20/index.html（閲覧日：2022.8.9）

厚生労働省. 要保護児童対策地域協議会の設置運営状況調査結果の概要. 平成31年4月1日現在. https://www.mhlw.go.jp/content/11900000/000824852.pdf（閲覧日：2022.8.9）

市町村のための「市町村児童虐待防止と支援のあり方」の研究会（2013）「市町村児童虐待防止と支援のあり方」の研究会報告書. 公益財団法人大阪府市町村振興協会おおさか市町村職員研修研究センター.

第3章

岡山県（2013）（改正）市町村子ども虐待対応ガイドライン 子どもの暮らしの安定に向けたよりよい協働のために.

岡山県（2014）子ども福祉における面接～子どもを中心とした支援をささえる基本的な考え方とスキル～.

加藤曜子（2018）大阪府家庭児童相談室連絡協議会研修会資料「困難事例における大切な視点と市政について」. 流通科学大学.

厚生労働省（2013）子ども虐待対応の手引き（平成25年8月改正版）. 雇児発0823第1号. 平成25年8月23日.

厚生労働省（2017）市町村子ども家庭支援指針（ガイドライン）. 雇児発0331第47号. 平成29年3月31日.

厚生労働省（2020）市町村子ども家庭支援指針（ガイドライン）. 子発0331第13号. 令和2年3月31日.

子どもの虹情報研究センター（2022）手にとるように家族がわかるジェノグラム 描き方と活用のコツ（第2版）. 子どもの虹情報研修センターミニ講座シリーズ2解説資料. https://www.crc-japan.net/wp-content/uploads/2021/03/genogram_202204.pdf（閲覧日 2022.10.4）

早樫一男編著（2016）対人援助職のためのジェノグラム入門. 中央法規.

早樫一男編著, 千葉晃央・寺本紀子著（2021）ジェノグラムを活用した相談面接入門. 中央法規.

第4章

加藤曜子（2005）困った場面の保護者対応ガイド. 平成16年度 厚生労働科学研究（子ども家庭総合研究事業：主任研究者加藤曜子）. 流通科学大学.

厚生労働省. 子どもを健やかに育むために――健やか親子21. https://sukoyaka21.mhlw.go.jp/wp-content/uploads/2022/02/ainomuchizero_pdf.（閲覧日：2022.8.9）

厚生労働省. ヤングケアラーについて. https://www.mhlw.go.jp/stf/young-carer.html（閲覧日2022.8.9）

文部科学省（2017）学校教育法施行規則の一部を改正する省令の施行等について. 28文科初第1747号. 平成29年3月31日.

大阪府. 大阪府における乳幼児健康診査未受診児対応ガイドライン. http://www.pref.osaka.lg.jp/kenkozukuri/boshi/mijyusinji_guideline.html（閲覧日：2022.8.9）

Find Law. When Can You Leave a Child Home Alone? https://family.findlaw.com/parentalrights-and-liability/when-can-you-leave-a-child-home-alone-.html（閲覧日：2022.8.9）（アメリカの法律・判決のデータベースサイト）

The law on leaving your child on their own. https://www.gov.uk/law-on-leaving-your-child-home-alone（閲覧日：2022.8.9）（イギリス政府ホームページ）

安部計彦，加藤曜子，三上邦彦編（2016）ネグレクトされた子どもへの支援——理解と対応のハンドブック．明石書店．

島田浩二，矢尾明子，友田明美（2020）脳科学から考える「マルトリ予防のすすめ」．福井大学子どものこころ発達研究センター．

榊原信子，椎野智子，友田明美（2020）子どもの脳とこころがすくすく育つ——マルトリに対応する支援者のためのガイドブック．福井大学子どものこころ発達研究センター．

セーブ・ザ・チルドレン・ジャパン（2018）子どもに対するしつけのための体罰などの意識・実態調査結果報告書．

友田明美（2020）マルトリートメント（マルトリ）が脳に与える影響　映像テキストブック．福井大学子どものこころ発達研究センター．

友田明美（2017）子どもの脳を傷つける親たち．NHK出版新書．

友田明美（2019）脳を傷つけない子育て．河出書房新社．

森田ゆり（2003）しつけと体罰．童話館出版．

第5章

厚生労働省．養育支援訪問事業ガイドライン．https://www.mhlw.go.jp/bunya/kodomo/kosodate08/03.html（閲覧日：2022.8.9）

厚生労働省．放課後等デイサービスガイドライン．https://www.mhlw.go.jp/stf/shingi2/0000082831.html（閲覧日：2022.8.9）

厚生労働省．児童発達支援ガイドライン．https://www.mhlw.go.jp/file/06-Seisakujouhou-12200000-Shakaiengyokushougaihokenfukushibu/0000171670.pdf（閲覧日：2022.8.9）

厚生労働省．障害児通所支援のあり方に関する検討会．令和3年7月6日第2回参考資料4「障害児通所支援の現状等について」．https://www.mhlw.go.jp/content/12401000/000801033.pdf（閲覧日：2022.8.9）

厚生労働省．障害児通所支援のあり方に関する検討会．令和3年7月15日第3回参考資料6「放課後等デイサービスの現状と課題について」．https://www.mhlw.go.jp/content/12401000/000806210.pdf（閲覧日：2022.8.9）

厚生労働省．生活困窮者自立支援のあり方等に関する論点のための検討会（第3回）．令和4年3月24日参考2「貧困の連鎖防止（子どもの学習・生活支援事業等）について」．https://www.mhlw.go.jp/content/12000000/000917190.pdf（閲覧日：2022.8.9）

厚生労働省．平成31年度夜間保育所の設置状況（平成31年4月1日時点）．https://www.mhlw.go.jp/content/11900000/R1chosakekka_chiiki.pdf（閲覧日：2022.8.9）

令和3年度子ども・子育て支援推進調査研究事業　市区町村の要保護児童対策地域協議会等に関する調査研究．調査1：要対協と民間の連携に関する好事例調査報告書　令和4年3月．https://www.libertas.co.jp/mhlw/2021report1.pdf

福岡市子どもショートステイをご存じですか？（SOS子どもの村JAPAN）．https://local.sosjapan.org/index.html（閲覧日：2022.8.9）

ショートステイ里親ハンドブック（SOS子どもの村JAPAN）．https://www.sosjapan.org/local/shortstay_web.pdf（閲覧日：2022.8.9）

江戸川区ホームページ．食の支援（子ども食堂・食事支援事業）．https://www.city.edogawa.tokyo.jp/e077/kosodate/kosodate/kosodateshienjigyo/syokunosien.html（閲覧日：2022.8.9）

江戸川区における食の支援事業の実施について．https://www.fukushihoken.metro.tokyo.lg.jp/kiban/shisaku/houkatsu/30happyou/30jirei-syoshi.files/30kodomo-edogawa.pdf（閲覧日：2022.8.9）

ペアレンティングを支援する会 NPO 法人児童虐待防止協会（2011）支援者のための虐待を未然に防ぐ親支援プログラム.

コラム「支援に役立つ豆知識集」

厚生労働省. みんなのメンタルヘルス総合サイト. https://www.mhlw.go.jp/kokoro/（閲覧日：2020.9.25）

NPO 法人ぷるすあるは. 子ども情報ステーション. https://kidsinfost.net/（閲覧日：2022.9.25）

厚生労働省. 体罰等によらない子育てについて. https://www.mhlw.go.jp/no-taibatsu/（閲覧日：2022.9.25）

厚生労働省. 健やか親子 21 ホームページ——愛の鞭ゼロ作戦. https://sukoyaka21.mhlw.go.jp/wp-content/uploads/2022/02/ainomuchizero_pdf.pdf（閲覧日：2022.9.25）

防ごう！まるとり マルトリートメント. https://marutori.jp/（閲覧日：2022.9.25）

マルトリ予防 ™ 資料箱. https://marutori.jp/library.html（閲覧日：2022.9.25）

厚生労働省. まもろうよ こころ. https://www.mhlw.go.jp/mamorouyokokoro/（閲覧日：2022.9.25）

内閣府男女共同参画局. 配偶者からの暴力被害者支援情報. http://www.gender.go.jp/policy/no_violence/e-vaw/index.html（閲覧日：2022.9.25）

厚生労働省. 子どもが子どもでいられる街に. https://www.mhlw.go.jp/young-carer/（閲覧日：2022.9.25）

一般社団法人日本ケアラー連盟. ヤングケアラープロジェクト https://youngcarerpj.jimdofree.com/（閲覧日：2022.9.25）

児童相談所における保護者支援のためのプログラム活用ハンドブック. https://www.niph.go.jp/entrance/jidousoudan.pdf（閲覧日：2022.9.25）

機中八朔 ®. http://parent-supporters.brain.riken.jp/assets/hkichuhassakupamphlet.pdf（閲覧日：2022.9.25）

性教育サイト「命育」(Siblings 合同会社)（2020）乳幼児期の性に関する情報提供——保健師や親子に関わる専門職のための手引き. https://meiiku.com/mhlw_guide/（閲覧日：2022.9.25）

前向き子育てトリプル P. NPO 法人 Triple P Japan http://www.triplep-japan.org/（閲覧日：2022.9.25）

MY TREE ペアレントプログラム. 一般社団法人 MY TREE https://mytree-p.org/（閲覧日：2022.9.25）

ノーバディーズパーフェクト. ノーバディーズ・パーフェクト・ジャパン https://www.nobodys-perfect-japan.com/, Nobody's Perfect 日本センター https://ccc-npnc.org/program/nobodysperfect.php（閲覧日：2022.9.25）

ベビープログラム（BP）. 日本 BP プログラムセンター. https://www.akachangakita.com（閲覧日：2022.9.25）

さいごに

　市町村職員として子ども家庭相談に携わる何人かの方々から，日々悩んだり苦悩したりしているお声を聴きながら，同じ悩みを一緒に考え，解決につながるものを見つけ出せないかと思いを巡らしていました。そこで，研究会メンバーで「困難に感じていることに対する役立つヒントや工夫を集めて提案をしよう」と話し合われ，新たなメンバーも加えて研究会が始まりました。

　近隣の市町村の方々のご協力で集まった「困難事例」のアンケートの結果からは，保護者に拒否をされながらも何とか支援に結びつけようとする様子や，心配な状況がなかなか改善しないため支援の行き詰まり感が生じ，関係機関との連携が難しくなっている様子など，さまざまなご苦労が見えてきました。アンケートからは，システムが整っていないために生じる困難さや，制度や法の課題からくる支援サービスの未整備など，家族を取り巻く環境の問題も明らかになってきました。

　一方で，保護者や家族も実は困っているということが，時間をかけた支援の中でわかってくることが多くありました。これまで厳しい生活状況であったにもかかわらず，行政や社会に対して不信感が強いため支援を受けたことがない，SOSの方法がわからない等，苦しい状況もみえてきました。改めて子どもと家庭への支援の重要性が明らかになってきました。

　子育ては，答えのない育児に戸惑ったり，自己主張してくるわが子に疲れ果てたり，つい怒鳴ってしまって自信を無くしたり，誰もが悩んで躓いてしまうものだといいます。ましてや，経済的な大変さや家族のこれまでの歴史からくる問題など，さまざまな困難がある場合，家族の中で一番弱い存在である子どもに怒りや歪みが向かうことも多いでしょう。

　そのような中で身近な基礎自治体である市町村の子ども家庭福祉は，児童虐待の未然防止から早期発見・早期対応，そして重症化防止を地域連携により実践していくことが求められています。そして，保護者と子どものことを

一緒に考え，子どもを中心にして子育てや家族の支援を行う視点が重要であると考えられます。

　そのためにも関係機関との丁寧な支援体制を構築し，支援ネットワークを駆使して子どもとその家族に支援を届けることになります。子どもや家族の抱える問題はさまざまで，一つの答えがあるわけではなく，一人ひとりと関係性を作り上げ，それぞれに合わせた支援を行うことになります。

　子どもと家庭にとって安心・安全な生活が営まれるようになるには，支援者側がアセスメントやソーシャルワークの能力や面接技術等の専門性を高めることが必要とされています。加えて，いくつもあるアプローチ方法を学んだり，さまざまな機会を通して他市町村や他分野の手法や工夫を学ぶ姿勢も大切になります。

　そうはいっても，市町村の子ども家庭福祉は増加の一途をたどる児童虐待通告や対応に追われています。職員の人材育成や相談技術の向上などを行うものの，人事異動でナレッジが積み重なりにくい状況にあります。住民に身近な基礎自治体として継続的な支援を，要支援から軽度，中度，重度と幅広い対象に行っていくことに，手探りで奮闘している状況であるといえます。

　このような状況の中，本書のアイデア・工夫・ヒントが，子ども家庭相談を担う現場の方々にとって，それぞれの家庭に対する支援へのアプローチや心構え，資源の構築の一助となることを願っています。

＊

　最後に，今回，業務で大変忙しい中快くアンケートに協力してくださった各市町村担当者の方々，資源やサービスなどの取り組みを丁寧にご回答いただきました全国の先進的な市町村の方々のご協力に，改めて感謝申し上げます。そして，本研究の場を提供してくださった（公財）大阪府市町村振興協会「おおさか市町村職員研修研究センター（マッセOSAKA）」の担当者の方々にも感謝いたします。

　また，本書を作成するきっかけとなった「ソーシャルワーカーのための困った場面の保護者対応ガイド」を作成された流通科学大学教授の故加藤曜子氏には，本研究の基礎となる考え方をお示しいただき，本研究会の研修会や報告会で基本的な知識から海外の知見も踏まえた理論，支援者側の視点や姿勢等多くの学びをいただきました。アンケート項目などにもご助言をいた

だき，この研究の軸となる大きな存在でした。「推薦のことば」もお寄せいただきました。誠にありがとうございました。

　加えて，岡山県子ども家庭課統括参事（現・倉敷児童相談所所長）の薬師寺真氏には児童虐待通告の受理から関係機関への調査，受理会議等具体的な対応の基本や，その軸となる視点である「子どもを中心に」の実体験を，多くの理論を交えてご教授いただき，たくさんの知識と資料をご提供いただきました。

　乳児院積慶園（きょうと里親支援・ショートステイ事業拠点（ほっとはぐ））の武田由氏は，保護者の思いや関わり方を丁寧に研修してくださいました。保護者の言葉の裏側にある苦悩や傷つきの理解を深め，社会的養護の側からの視点をいただき，さまざまな学びを得ることができました。薬師寺氏，武田氏のお二人からは，同時にエネルギーを与えてもらいました。

　そして，フラハ大阪心理発達研究所の白山真知子氏には，さまざまな資源やプログラムについて情報提供いただいた上に研究会会場のご協力もいただき，本当にありがとうございました。

　ほかにもさまざまな最前線でご活躍されている方々にたくさんのアドバイスや情報をいただき，深く感謝いたしております。この場を借りて御礼を申し上げます。ありがとうございました。

　そして最後に，岩崎学術出版社編集部の鈴木様には，メンバー初めての出版に対して，気長にやさしくアドバイスをいただき，穏やかに出版に至るまでの道のりを伴走していただきました。

　本書は多くの方々に支えられて出来上がったものです。改めまして，ここに深く感謝の意を表したいと思います。

2022 年 10 月

市町村児童虐待防止と支援のあり方の研究会一同

市町村児童虐待防止と支援のあり方の研究会とは

　大阪府の（公財）大阪府市町村振興協会「おおさか市町村職員研修研究センター（マッセOSAKA）」の2011年度の広域研究活動支援事業（府内複数市町村職員の研究活動の推進を目的とした事業）において，「市町村職員による市町村児童虐待防止と支援のあり方を研究する研究会」を立ち上げました。府内市町村と近隣市の有志をメンバーとした研究会で，2年間にわたり，学識者等の研修を受けながら，市町村の現状についてアンケート調査をもとにして検討するなどして研究を続け，研究報告会を開催するなどの活動を行いました。その後，2018年度に再び前述の広域研究活動支援事業において，2年間の研究会を立ち上げ「市町村における児童虐待対応の困難事例における対応と工夫」として研究報告を行いました。また，それぞれの研究内容については，JaSPCAN（日本子ども虐待防止学会）においても研究会から報告を行いました。

　本書は「おおさか市町村職員研修研究センター（マッセOSAKA）」の事業で作成された報告書の内容に加筆修正を加えて出版に至りました。なお，報告書の版権は「おおさか市町村職員研修研究センター（マッセOSAKA）」にあり，今回は承諾を得ております。

執筆者一覧

氏　名	市町村及び所属部署（研究会当時の所属）
八木 安理子	同志社大学心理学部（枚方市子ども青少年部）
山崎 逸美	枚方市こどもまるっとセンター（枚方市子ども総合相談センター）
湯本 貴子	八尾市健康福祉部（八尾市子育て支援課）
伊藤 諒	八尾市環境施設課（八尾市子育て支援課）
関山 信吾	八尾市こども・いじめ何でも相談課（八尾市子育て支援課）
好川 小百合	八尾市地域共生推進課（八尾市子育て支援課）
大山 好弘	八尾市こども・いじめ何でも相談課（八尾市子育て支援課）
吉田 恵子	堺市子ども家庭課
村田 浩子	長岡京市障がい福祉課（長岡京市子育て支援課）
陶国 友紀	社会福祉法人北摂杉の子会生活支援センターあんだんて（堺市北区子育て支援課）

市町村における児童虐待防止と支援のあり方

——市町村だからこその悩みへのヒントとアイデア——

ISBN 978-4-7533-1214-6

編著者
市町村児童虐待防止と支援のあり方の研究会

2022 年 11 月 30 日　第 1 刷発行
2024 年 5 月 20 日　第 2 刷発行

印刷・製本　㈱太平印刷社

発行 ㈱岩崎学術出版社　〒 101-0062 東京都千代田区神田駿河台 3-6-1
発行者　杉田 啓三
電話 03(5577)6817　FAX 03(5577)6837
©2022　岩崎学術出版社
乱丁・落丁本はお取替えいたします　検印省略